ASTRID LINDGREN

Das große Buch von LOTTA

Bilder von Ilon Wikland

Deutsch von Thyra Dohrenburg und Anna-Liese Kornitzky

Verlag Friedrich Oetinger · Hamburg

Alles über LOTTA

Bilderbücher (einzelne Geschichten)

Lotta kann fast alles

Lotta zieht um

Na klar, Lotta kann Rad fahren

Natürlich ist Lotta ein fröhliches Kind

Kinderbücher

Die Kinder aus der Krachmacherstraße

Lotta zieht um

Die Geschichten von Lotta sind auch als Hörbuch bei Oetinger erschienen.

MIX
Papier | Fördert gute Waldnutzung
FSC® C002795

5. Auflage

Druck und Bindung: Livonia Print SIA, Jurkalnes iela 15/25, LV-1046 Riga, Lettland
Printed 2025
ISBN 978-3-7512-0097-4

www.astridlindgren.com
www.astrid-lindgren.de
www.oetinger.de

Na klar, LOTTA kann Rad fahren

„Natürlich kann ich Rad fahren!“, rief Lotta. „Jawohl, das kann ich! Im Geheimen!“ Lotta saß auf dem Türpfosten draußen vor ihrem Haus in der Krachmacherstraße. Da saß sie und schaute zu, wie Jonas und Mia-Maria auf ihren Rädern den Berg heruntergesaust kamen, dass es nur so rauschte. Kein Wunder, dass Lotta wütend war! Sie war noch nicht ganz fünf Jahre alt, diese Lotta, und in Wirklichkeit konnte sie gar nicht Rad fahren – nicht einmal im Geheimen.

„Du bist noch zu klein", sagte Jonas später, als sie in der Küche saßen und Abendbrot aßen.
„Und außerdem hast du gar kein Fahrrad", sagte Mia-Maria, „bloß ein altes Dreirad."
Jetzt wurde Lotta noch wütender.
„Da hört ihr's mal", sagte sie zu Mama und Papa. „Wie soll ich Rad fahren können, wenn ich kein Fahrrad habe?"
Dann biss sie einen kleinen Happen von ihrem Butterbrot ab und murmelte: „Ich kann aber doch Rad fahren. Im Geheimen!"
Es gab vieles, was Lotta im Geheimen tat. Jedenfalls sagte sie das immer. „Ich gehe auch in die Schule", pflegte sie zu sagen. „Im Geheimen."

Als Lotta einmal Tante Berg im Haus nebenan besuchte, da sagte Tante Berg: „Wie ulkig! Jonas und Mia-Maria haben beide blaue Augen; deine Augen sind aber beinahe grün."
Da sagte Lotta ganz entschieden:
„Ich habe auch blaue Augen – im Geheimen."
Denn Lotta wollte immer genau das Gleiche haben wie Jonas und Mia-Maria.
„Bloß ein altes Dreirad, die spinnen ja", sagte Lotta, als sie abends im Bett lag. Das sagte sie zu ihrem Teddy. Der ging immer mit Lotta ins Bett. Der Teddy war nicht etwa ein Bär, wie man meinen sollte, sondern ein Schweinchen, das Mama für Lotta genäht hatte. Lotta aber nannte es trotzdem Teddy, und ihrem Teddy erzählte sie alles.

„Du bist der Einzige, der richtig zuhört“, sagte Lotta. „Jonas und Mia-Maria, die hören nie zu. Und sie verstehen auch nie was.“ Nein, da war der Teddy viel besser. Und nun lag er ganz still da und hörte zu, als Lotta ihm erzählte, was sie Schreckliches vorhatte. „Wenn ich an meinem Geburtstag kein richtiges Fahrrad kriege, dann mopse ich eins“, sagte Lotta. „Im Geheimen.“

Genau zwei Tage später war Lottas Geburtstag. Sie wurde fünf Jahre alt. Mama und Papa und Jonas und Mia-Maria kamen morgens mit einer Torte und Lichtern herein und sangen: „Hoch soll sie leben." Sie hatten viele Geschenke für Lotta. Aber kein Fahrrad. Drei Spielzeugautos, ein Bilderbuch und ein Springseil bekam sie. Und eine neue Schaukel, die im Garten aufgehängt werden sollte, und eine hübsche Umhängetasche – aber kein Fahrrad!
„Du kommst sicher noch eine Weile mit dem Dreirad aus", sagte Papa.
Lotta freute sich über all ihre Geschenke und dachte zunächst nicht weiter an das Fahrrad. Den ganzen Vormittag über war sie munter und vergnügt. Sie spielte mit ihren Autos, schaute sich ihr Bilderbuch an, sprang mit ihrem Springseil und schaukelte auf ihrer Schaukel.

Mit der neuen Tasche über der Schulter machte sie einen kleinen Spaziergang durch die Krachmacherstraße. Dabei traf sie den Schornsteinfeger, der gerade bei Tante Berg den Schornstein gekehrt hatte. Sie sagte zu ihm: „Ich finde Umhängetaschen hübsch, du nicht auch?“
Der Schornsteinfeger fand das auch, und als Lotta dies hörte, wurde sie noch vergnügter.

Als sie aber nach Hause kam, fiel ihr Blick zufällig auf das Dreirad, das in einer Ecke stand. Da ging sie hin und gab ihm einen Tritt. „Gar nicht komme ich mit dir aus", brummte sie. „Das denkt Papa nur."
Sie hatte ganz vergessen, wie sehr sie sich gefreut hatte, als sie vor zwei Jahren das Dreirad zu ihrem Geburtstag bekam. Jetzt wollte sie ein richtiges Fahrrad haben.
„Und ich weiß auch, wo ich eins mopsen kann", sagte sie.

In Tante Bergs Schuppen stand ein altes Fahrrad, Lotta hatte es dort gesehen.
„Das hol ich mir", sagte sie zum Teddy.
„Und du musst mitkommen."
Denn Lotta wollte nicht allein sein, wenn sie mopsen ging.
„Wir müssen aber warten, bis Tante Berg ihren Mittagsschlaf hält. Sie darf es doch nicht merken", sagte Lotta. Sie war wirklich ganz schön schlau!

Lotta schaute kurz zu Tante Berg hinein, um nachzusehen, ob sie schon eingeschlafen sei. Das war sie nicht. Tante Berg saß auf dem Sofa, strickte und sah nicht besonders müde aus. Skotty, ihr frecher kleiner Hund, sauste auf Lotta zu und bellte sie an. Aber daran war Lotta gewöhnt, und sie hatte keine Angst.
„Bell du nur", sagte Lotta. „Wenn auch heute mein Geburtstag ist."
Dann sagte sie zu Tante Berg: „Rate mal, wer heute Geburtstag hat!"
„Ach richtig, das bist ja du", sagte Tante Berg und ging zur Kommode und holte ein Päckchen heraus.
„Herzlichen Glückwunsch, kleine Lotta", sagte Tante Berg.
Lotta machte das Päckchen sofort auf. Es lag eine Schachtel darin, und in der Schachtel war ein kleines Armband mit roten, blauen und grünen Steinen. Lotta fühlte im ganzen Körper, wie sehr sie sich freute. Oh, was für ein schönes Armband! Sie bedankte sich immer wieder bei Tante Berg.
„Du bist die Netteste von der Welt", sagte sie. Und sie legte das Armband sofort an und betrachtete die Steine, die glitzerten und glänzten.
„Das sind wohl beinahe Diamanten", sagte Lotta begeistert.
„Keine richtigen", sagte Tante Berg.

Nun aber fiel Lotta plötzlich ein, was sie eigentlich vorhatte, und darum streichelte sie Tante Bergs Wange und sagte: „Ich an deiner Stelle würde jetzt aber meinen Mittagsschlaf halten.“
„Ja, kleine Lotta, du hast recht“, sagte Tante Berg.
Und dann ging Lotta. Mit dem Armband am Handgelenk und dem Teddy im Arm.

„Du, da sind wir aber schlau gewesen“, sagte Lotta zufrieden. „Sie schläft sicher gleich ein, sollst mal sehen.“
Danach schlich sich Lotta leise in den Schuppen und setzte sich hier mit dem Teddy auf einen Stuhl, um zu warten. Sie wartete und wartete, bis sie fast selber eingeschlafen wäre. Schließlich sagte sie: „So, jetzt legen wir los!“
Und dann legte Lotta los!

Doch Lotta war klein, und das Fahrrad war groß und unförmig. Es kippte viermal um, bevor Lotta damit überhaupt aus dem Schuppen herauskam.
Das war ein ganz dummes und abscheuliches Fahrrad, fand Lotta. Es zerschrammte ihr die Beine und fiel dauernd um und rutschte weg.
„Warte nur, bis ich auf die Pedale steige", sagte Lotta böse. Sie sagte es zu dem Fahrrad.
Den Teddy hatte sie auf den Gepäckträger geklemmt.
„Halt dich gut fest", sagte sie. „Gleich sause ich genauso den Berg runter wie Jonas und Mia-Maria."
Nun schob Lotta das Fahrrad mit großer Mühe die Krachmacherstraße bergauf.
„Man muss ja schließlich erst mal oben sein, bevor man runtersausen kann", sagte sie ganz außer Atem.

Wenn man selber klein ist und das Fahrrad groß, dann ist es wirklich schwierig, auf die Pedale hinaufzukommen. Aber Lotta hatte Glück. Irgendjemand hatte oben auf dem Berg eine Kiste an den Rinnstein gestellt. Die war für Lotta zum Aufsteigen genau richtig. „Denk nur, genau richtig“, sagte Lotta, und im Nu stand sie auf den Pedalen.

„Jetzt pass auf, Teddy, jetzt wirst du ein Sausen erleben!“, sagte Lotta. Mehr konnte sie nicht sagen, denn nun ging es auch schon los. Sie sauste schneller davon, als Jonas und Mia-Maria es jemals getan hatten.

„Bremse!“, schrie Lotta. „Bremse!“

Doch das Fahrrad konnte nicht bremsen, und Lotta konnte es auch nicht. Lotta und das Fahrrad und der Teddy rasten den Berg hinunter, dass es nur so pfiff. Ja, der Teddy hatte solch ein Sausen wahrlich noch nie erlebt.

„Hilfe!“, schrie Lotta. „Hilfe!“
Aber das Fahrrad raste immer weiter. Bis an den Fuß des Berges sauste es, und hier krachte es mitten in die Hecke von Tante Bergs Haus. Die arme Lotta flog über die Hecke und landete in einem von Tante Bergs Rosensträuchern.
Da stieß Lotta ein so fürchterliches Geheul aus, dass Tante Berg drinnen im Haus ordentlich zusammenzuckte und erschrocken den Kopf zum Fenster hinausstreckte.

„Was ist denn los“, rief sie. „Was machst du da, Lotta?“
„Ich fahre Rad!“, schrie Lotta. „Und noch dazu an meinem Geburtstag!“ Sie fand es schrecklich, dass sie ausgerechnet an ihrem Geburtstag im Rosenstrauch landen musste.
„Aber Herzchen“, sagte Tante Berg. „Wo tut es denn am meisten weh?“
Da verstummte Lotta und fühlte nach, wo es am meisten wehtat.
„Überall“, heulte sie. „An der Stirn“, sagte sie und fühlte nach. Und wirklich, hier hatte sie eine große Beule.
Sie wollte gerade von Neuem in Geheul ausbrechen, da erblickte sie etwas noch Schlimmeres. Aus einer Schramme am Bein tropfte Blut.

„Blut!“, schrie Lotta so laut, dass man es in der ganzen Krachmacherstraße hören konnte. „Da kommt Blut! An meinem Geburtstag!“ Und sie schrie und schrie und schrie, weil sie blutete und weil sie eine Beule an der Stirn hatte – und auch ein klein wenig, weil sie das Rad gemopst hatte. Was würde Tante Berg dazu sagen?

Tante Berg aber sagte gar nichts, sondern nahm Lotta mit in ihre Küche und wusch ihr die Wunde und klebte ein Pflaster drauf. Und dann schob sie das Fahrrad in den Schuppen.
Sie machte dabei ein etwas strenges Gesicht, das sah Lotta.
„Ich hab es ja nur für eine kleine Weile gemopst", sagte Lotta. „Nur so lange, wie du geschlafen hast. Bist du mir deswegen böse?"
„Nein, nein", sagte Tante Berg. „Aber so ein großes Fahrrad ist ja lebensgefährlich für dich. Du müsstest ein kleineres haben."
„Ein Dreirad, was?", murrte Lotta.
„Nein, ein richtiges kleines Fahrrad", sagte Tante Berg.
„Sag das mal Papa", sagte Lotta.
Plötzlich stieß sie von Neuem ein schauriges Gebrüll aus.
„Mein Armband!", schrie sie. „Ich hab mein Armband verloren!"
Ja wahrhaftig, das stimmte. Es war nicht mehr an ihrem Handgelenk und leuchtete und glitzerte nicht mehr.
„Wir müssen es suchen", sagte Tante Berg.
Und das taten sie. Sie suchten und suchten, Tante Berg und Lotta, im Schuppen und auf der Straße, überall. Aber das Armband war nirgends zu sehen.

Nun ging Lotta nach Hause. Sie weinte und brüllte die ganze Zeit, sodass Jonas und Mia-Maria, als sie auf ihren Rädern aus der Schule kamen, es schon von Weitem hören konnten. An der Gartentür trafen sie mit Lotta zusammen.
„Weshalb heulst du, Lotta?“, fragte Jonas.
„Weil das ein mieser Geburtstag ist“, zeterte Lotta.
Jonas und Mia-Maria wollten wissen, was Lotta so mies fand.
„Das erzähl ich euch nicht“, sagte Lotta zuerst. Dann erzählte sie es aber doch. Sie berichtete von dem Fahrrad und von dem Armband, das sie verloren hatte.
„Es geschieht dir ganz recht, dass du das Armband verloren hast“, sagte Jonas.
„Genau“, sagte Mia-Maria. „Tante Berg schenkt dir ein Armband und ist so nett zu dir, und dann mopst du ihr einfach das Fahrrad. Es geschieht dir ganz recht, dass alles so gekommen ist.“
Lotta schwieg und schämte sich.
„Mit euch rede ich nicht!“, sagte sie. Und dann kletterte sie auf den Türpfosten, um auf Papa zu warten. Der musste jetzt bald nach Hause kommen.
„Ich finde aber trotzdem, dass es ein mieser Geburtstag ist“, sagte Lotta zu ihrem Teddy.

Da saßen die beiden und schauten Jonas und Mia-Maria zu, die wie immer den Berg hinunterradelten.
„Pah, das haben wir schließlich auch getan", sagte Lotta zum Teddy. Dann aber schüttelte sie finster den Kopf.
„Jonas spinnt wohl. Sieh mal, wie der fährt", sagte sie. Ja, wirklich, manchmal nahm Jonas beide Hände von der Lenkstange und radelte, ohne sich überhaupt festzuhalten!
„Mama hat doch gesagt, du darfst nicht so fahren", rief Lotta. „Es ist nämlich verboten!"

In diesem Augenblick aber entdeckte sie ihren Vater weit hinten auf der Straße, und es hätte nicht viel gefehlt und sie wäre vom Pfosten gepurzelt. Denn was war das, was Papa neben sich herschob? Doch nicht etwa ein Fahrrad? Ein kleines Fahrrad, gerade richtig für Lotta!

„Nee, nun verstehe ich überhaupt nichts mehr“, sagte Lotta. Dann aber stieß sie einen Schrei aus, sodass Mama zum Küchenfenster hinausschaute. Und Mama verstand ebenfalls überhaupt nichts.

„Was ist denn das?“, fragte sie. „Wir hatten doch verabredet, dass Lotta erst im nächsten Jahr ein Fahrrad bekommen soll.“
„Gewiss“, sagte Papa. „Aber dies hier ist ein altes, gebrauchtes, billiges Rad, auf dem sie fahren lernen kann. Da hast du’s, Lotta!“
Und obwohl es alt, gebraucht und billig war, freute Lotta sich mehr über das Rad als über irgendetwas anderes, das sie zu ihrem Geburtstag bekommen hatte.
Jonas sagte: „Das Ding ist gar nicht so übel! Probier es mal aus, Lotta!“
Und Lotta probierte es aus. Jonas rannte hinterher und hielt sie fest, denn keiner glaubte, dass Lotta radeln konnte. Aber unversehens ließ Jonas los und Lotta fuhr trotzdem sehr gut.
„Guckt nur, das Mädchen kann tatsächlich Rad fahren“, sagte Mama vom Fenster aus.
„Ja, klar kann ich Rad fahren!“, rief Lotta.
„Guck mal, Tante Berg!“, rief sie, als sie an Tante Bergs Haus vorüberfuhr. „Guck mal, wie ich fahren kann!“
Tante Berg aber schaute ganz verwundert über ihre Hecke. Dann hob sie ihre Hand und rief: „Schau mal, Lotta, was im Rosenstrauch an einem Zweig gehangen hat!“
Sie hielt Lottas Armband in der Hand. Da fiel Lotta vom Rad, denn man kann nicht Rad fahren und sich gleichzeitig nach einem Armband umsehen. Sie tat sich aber nicht sehr weh, denn sie hatte ja nun ein kleines Rad.
Jonas und Mia-Maria kamen herbei und sahen sich Lottas Armband an, und Mia-Maria sagte, es sei das hübscheste Armband, das sie je gesehen habe.
„Jetzt findest du sicher nicht mehr, dass dies ein mieser Geburtstag ist“, sagte Jonas.
„Nöö, das hab ich nie gefunden“, sagte Lotta.

Dann radelte sie auf ihrem alten, gebrauchten Fahrrad und mit dem feinen Armband am Arm und dem Teddy auf dem Gepäckträger vor ihrem Haus hin und her.
Jonas und Mia-Maria radelten ebenfalls. Sie radelten alle drei, und Lotta fand es lustig.
Plötzlich ließ Jonas die Lenkstange los und fuhr freihändig. Da kam Lotta auf die Idee, es auch zu versuchen.
„Halt dich fest“, rief sie dem Teddy zu, „denn jetzt lass ich los!“
Das tat sie auch. Und sofort flog sie vom Rad. Sie fiel auf die Straße, und obgleich sie nun ein kleines Fahrrad hatte, stieß sie sich tüchtig am Ellenbogen.
„Siehst du wohl!“, rief Lotta zornig Jonas zu. „Und außerdem ist es verboten!“
„Du bist zu klein dafür, das musst du doch wissen!“, rief Jonas. „Du kannst noch nicht freihändig fahren, das musst du doch wissen!“
Lotta aber saß auf der Straße und rieb sich den Ellenbogen.
Ganz leise, sodass nur der Teddy es hören konnte, murmelte sie: „Natürlich kann ich das! Ich kann genauso freihändig fahren wie Jonas! Im Geheimen.“
Und dann gingen sie alle ins Haus und aßen ein wirklich gutes Geburtstagsessen.

Lotta
5 år

Natürlich ist LOTTA ein fröhliches Kind

„Jetzt bin ich aber böse“, sagte Lotta. „Damit ihr es nur wisst!“
Sie starrte Jonas und Mia-Maria erbost an, damit die beiden auch merkten, wie böse sie war.
„Tja, du“, sagte Jonas. „Erzähl uns was Neues! Böse bist du ja dauernd.“
Da wurde Lotta noch böser.
„Das bin ich nicht, damit du es nur weißt!“, schrie sie. „Und du bist das Doofste, was es gibt. Und Mia-Maria auch. Damit ihr es nur wisst!“

Sonst fand Lotta Jonas und Mia-Maria eigentlich nicht besonders doof. Aber heute! Hatte sie, Lotta, etwa nicht den ganzen Vormittag gewartet?! Darauf, dass die beiden endlich aus der Schule kamen und Osterferien hatten. Und hatten sie ihr etwa nicht versprochen, dass sie sich dann alle drei, Lotta und Jonas und Mia-Maria, als Osterhexen verkleiden würden?!

Und dass sie dann zu allen Leuten in der Krachmacherstraße gehen und ihnen was vorsingen würden?! Und dann bestimmt Bonbons und Schokolade bekamen, wie alle Osterhexen am Gründonnerstag?! Jawohl, das hatten sie ihr versprochen!

Und stattdessen kamen die beiden jetzt an und sagten, dass einer, der Kalle heißt, sie ausgerechnet heute zur Geburtstagsfeier eingeladen hatte.

„Und darum können wir erst hinterher als Osterhexen gehen“, sagte Mia-Maria noch. Hinterher! Dann dachten die beiden sich das wohl so, dass Lotta hier weiter herumstehen und warten und warten und noch länger warten sollte. Während sie da bei diesem Kalle saßen und Torte aßen! Kein Wunder also, dass Lotta böse war!

„Sei nicht so traurig“, sagte Mia-Maria und tätschelte Lotta die Backe. „Wir sind bald wieder da!“

Und dann gingen sie.

Lotta war an der Gartenpforte stehen geblieben. Sie war allein und traurig und böse. Aber nach einer Weile war sie komischerweise gar nicht mehr böse, sondern nur noch allein und traurig. Und dann, wie das nun auch kommen mochte, war sie nicht einmal mehr traurig, sondern nur noch allein. Und da fing sie an zu überlegen – was konnte sie sich ausdenken, bis Jonas und Mia-Maria nach Hause kamen? Sich was ausdenken, das konnte diese Lotta nämlich.

Zuerst machte sie jetzt eine Runde durch die Küche, um zu sehen, was Mama tat.

Mama stand auf einer Leiter und war dabei, frische Gardinen aufzuhängen.

„Na, mein Lottakind, was machst du denn so?“, fragte Mama.

„Nichts“, sagte Lotta. „Und du?“

„Ich hänge saubere Gardinen für Ostern auf, das siehst du doch“, sagte Mama.

„Muss man das?“, fragte Lotta.

„Muss und muss“, sagte Mama. „Es sieht hübsch aus, finde ich. Und das findet der Osterhase bestimmt auch, wenn er euch Eier bringt.“

Lotta spürte, dass sie ganz fröhlich wurde, als sie an den Osterhasen dachte. Jedes Jahr versteckte er Ostereier unter den Büschen im Garten für Jonas und Mia-Maria und Lotta. Die Eier waren aus Schokolade und Gelee und aus Pappe voller Bonbons, und Papa sagte dann immer: „Also heute dürft ihr euch von mir aus den Bauch vollstopfen, bis ihr platzt. Aber jammert mir nicht die Ohren voll, wenn ihr Bauchschmerzen kriegt.“

Nein, Lotta würde doch Papa nicht die Ohren volljammern!

Es war ja der Osterhase, der die Süßigkeiten brachte. Ganz früh morgens am Ostersamstag, wenn alle noch schliefen, kam er immer angeschlichen. Und keiner bekam ihn je zu sehen, nein, niemals, nur die schönen, bunten, süßen Eier, die er im Gebüsch versteckt hatte.

Lotta machte eine kleine Runde durch den Garten, um nachzugucken, was für gute Verstecke es da gab, wo der Osterhase seine Eier hinlegen konnte. Ja, denn dann konnte man schnurstracks dahinstürzen und noch vor Jonas und Mia-Maria da sein, wenn Papa am Morgen kommandierte: „Achtung, fertig, los!“, und man anfangen durfte zu suchen.

Lotta fand eine ganze Menge gute Verstecke und ein besonders gutes.
Unter diesem Busch würde ich Eier verstecken, wenn ich der Osterhase wäre, dachte sie und beschloss, sofort im Galopp zu dieser Stelle zu rennen, wenn es endlich so weit war.

Dann ging Lotta zu Tante Berg. Sie wohnte im Haus nebenan, und Lotta machte ihr jeden Tag einen Besuch. Tante Berg war nämlich kränklich, ihr fiel das Atmen oft so schwer.
„Hast du heute wieder Atem nötig?“, fragte Lotta höflich.
Tante Berg klagte nämlich immer über ihre Atemnot. Und wegen dieser Atemnot musste sie so schwer atmen.
„Ach ja, danke“, sagte Tante Berg. „Es muss gehen. Aber weißt du, Lotta, ich glaube, ich habe meine beste Brille im Schuppen liegen lassen. Willst du mal nachschauen, ob du sie findest?“
„Klar“, sagte Lotta, „dann brauchst du nicht so viel zu schnaufen.“
Tante Berg schnaufte schon, wenn sie nur das kurze Stückchen bis zum Schuppen ging.
„Aber ich kann gehen, so weit ich will, und brauche kein bisschen zu schnaufen“, sagte Lotta zufrieden.

Und sie lief zum Schuppen und fand die Brille beinahe sofort. Sie lag oben auf dem Koffer, der ganz hinten in der Ecke stand, hinter Tante Bergs altem Fahrrad, einer Menge Harken und Hacken und Spaten und leerer Saftflaschen und Dosen und anderem Krempel, den Tante Berg im Schuppen aufbewahrte.

„Was würde ich bloß ohne dich machen, Lotta", sagte Tante Berg, als sie ihre Brille wiederhatte.
„Ja, das weiß ich auch nicht", sagte Lotta. „Dein Glück, solange ich es schaffe, hier zu schalten und walten."

Dann ging Lotta eine kleine Runde durch die Krachmacherstraße. Sie hoffte, vielleicht Jonas und Mia-Maria zu treffen. „Denn jetzt haben sie ja wohl genug Torte gegessen!“

Aber kein Jonas und keine Mia-Maria waren zu sehen.

Sieht den beiden ähnlich, dachte Lotta. Dann geh ich eben solange zu Vasilis und guck mir sein Schaufenster an.

Vasilis hatte in der Krachmacherstraße ein Süßigkeitengeschäft, und jetzt, kurz vor Ostern, hat er den Laden bestimmt voller Ostereier, dachte Lotta. Wer weiß, vielleicht kaufte der Osterhase seine Ostereier ja bei ihm?

Die Tür stand offen, und Lotta guckte hinein. Da saß Vasilis auf einer Kiste, und das war auch alles, was im Laden zu sehen war.
„Ja, du liebes bisschen“, sagte Lotta. „Wo sind denn all die Süßigkeiten?“
„Weg“, sagte Vasilis. „Ich hab zugemacht.“
Vasilis weinte, und Lotta fing auch an zu weinen.
„Hab alles verkauft“, sagte Vasilis.
„Und wo sollen wir uns jetzt samstags was zum Naschen kaufen?“, fragte Lotta.
„Ja, weiß nicht“, sagte Vasilis. „Bei mir jedenfalls nicht. Ich fahr nach Haus, nach Griechenland. Ihr esst zu wenig Bonbons in diesem Land. Samstag und immer nur Samstag kauft ihr Bonbons, und davon kann ich nicht leben.“
Lotta weinte noch mehr, und da sagte Vasilis: „Wein nicht. Ich hab den Laden an eine Frau verkauft, die handelt mit Spielsachen. Ist doch fein, was?“
Aber in diesem Augenblick machte sich Lotta nichts aus Spielsachen und auch nichts aus Süßigkeiten. Sie war traurig, weil Vasilis nach Griechenland zurückfuhr.
„Wein nicht“, sagte Vasilis. „Du bist doch sonst immer so frohlich.“
„Frohlich“, sagte Vasilis. So sagte er, weil er Grieche war und ein bisschen komisch sprach. Jetzt stand er von der Kiste auf.

„Aber guck mal hier, ich zeig dir was“, sagte er und machte den Deckel der Kiste auf. Lotta hörte auf zu weinen.
„Ach, du liebes bisschen!“, rief sie. Mehr konnte sie nicht sagen.
„Ja, guck nur“, sagte Vasilis. „Weihnachtsengel und Weihnachtsmänner und Marzipanschweine und Schneemänner, dass es reicht für vierzehn Weihnachten, aber jetzt ist Ostern.“ Er brach einen Weihnachtsmann mittendurch, sodass das Stanniolpapier zerriss und man innen die Schokolade sah. „Ostern!“, schrie Vasilis. „Kein Mensch kauft jetzt auch nur ein Weihnachtsmann! Du verstehst, Lotta, ja? Willst du die haben? Du kriegst ganzen Ramsch!“
Lotta war ja klar, dass Vasilis nur Spaß machte.
„Nimmst du die Weihnachtsmänner mit nach Griechenland?“, fragte sie.
„Ich will kein Weihnachtsmann mehr sehen, solange ich lebe!“, schrie Vasilis. „Du kriegst sie!“
Lotta glaubte immer noch, dass Vasilis scherzte.
„Nimm sie!“, sagte Vasilis. „Sonst muss ich sie in die Mülltonne werfen.“
Da endlich begriff Lotta, dass ein Wunder geschehen war!
Und Vasilis packte alle Weihnachtsmänner und Weihnachtsengel und Marzipanschweinchen und Schneemänner in zwei große Tragetaschen aus Packpapier. Lotta musste ausprobieren, ob sie sie tragen konnte, und das konnte sie, aber schwer war es.
„Tschüs, Vasilis!“, sagte sie. „Ich bin so traurig, dass du nach Griechenland zurückfährst.“
„Aber ich nicht“, sagte Vasilis. „Tschus, Lotta! Du bist immer ein frohlich Kind gewesen. Mach so weiter!“

Dann schleppte Lotta ihre Tüten die Krachmacherstraße entlang. Und sie dachte nach, oh, wie sie nachdachte! Was für eine Riesenüberraschung das zu Hause geben würde! Und wie Jonas und Mia-Maria staunen würden!
Aber, dachte Lotta, nicht jetzt gleich. Erst wollte sie ihre Schätze noch selber ein bisschen begucken. Sie wollte nicht, dass Jonas und Mia-Maria sofort über die Tüten herfielen und darin herumwühlten. Aber wo sollte Lotta sie verstecken? Jonas und Mia-Maria konnten ja jeden Augenblick von ihrem Tortenessen zurückkommen!

Doch dann fiel ihr etwas Gutes ein. In Tante Bergs Schuppen! Da gab es bestimmt ein gutes Versteck! Und Tante Berg hielt jetzt bestimmt ihren Mittagsschlaf, das tat sie immer um diese Zeit. Lotta stapfte zum Schuppen, und jetzt schnaufte sie fast ebenso sehr wie Tante Berg. Die Tüten waren wirklich schwer. Aber gleich, gleich würden sie dort sein, wo Lotta sie haben wollte.
Da passierte das Schreckliche!
„Lotta, wo bist du?“
Lotta hörte Mia-Maria von Weitem rufen, und sie kriegte es mit der Angst, nein, nein, keiner durfte jetzt kommen!

„Lotta, wo bist du?", hörte sie wieder. Jetzt war es Jonas, der nach ihr rief. Lotta sah sich verzweifelt um, und dann warf sie die Tüten hinter einen Busch. Sie rannte zum Zaun und kletterte geschwind in den eigenen Garten. Dort lief sie zu ihrer Schaukel und fing an, wie wild zu schaukeln.
„Hier bin ich!", schrie sie. „Was wollt ihr?"
„Wir wollen uns doch als Osterhexen verkleiden!", schrie Jonas.
„Nee!", schrie Lotta. „Ihr könnt ohne mich gehen!"
Da kamen Jonas und Mia-Maria angestürzt.
„Ach, hier sitzt du also!", sagte Jonas.
„Und bist wohl immer noch böse", sagte Mia-Maria. „Jetzt hör auf zu maulen, wir müssen los."
„Ich nicht", sagte Lotta.
„Dickschädel!", sagte Jonas. „Wieso maulst du eigentlich so?"
„Das tu ich überhaupt nicht, damit du es nur weißt", sagte Lotta. „Und damit du es nur weißt, ich bin immer sehr fröhlich, das sagt Vasilis auch. Aber ich will nicht als Osterhexe mit euch gehen."
„Dann lässt du's eben bleiben", sagte Jonas. „Komm, Mia-Maria."
Und dann liefen die beiden weg, und Lotta war allein.

Jetzt musste sie sich beeilen. Flink kletterte sie wieder über den Zaun, flink holte sie ihre Tüten unter dem Busch hervor und trabte damit zum Schuppen.
Endlich! Jetzt brauchte sie nur noch ein gutes Versteck. Sie sah sich im Schuppen um. Da lag der große Koffer, was war eigentlich darin? Sie kriegte den Kofferdeckel auf. Nur eine Menge alter Kleider. Darüber lag etwas blankes Schwarzes.

„Hier liegt ihr weich und schön", sagte Lotta und kippte alle Weihnachtsmänner und Engel und Marzipanschweinchen und Schneemänner auf das blanke Schwarze.
Es sah herrlich aus, fand sie. Ganz wunderbar sah es aus! Sie konnte sich kaum davon losreißen.
Aber dann hatte sie es plötzlich wieder eilig.

Jonas und Mia-Maria waren dabei, sich als Osterhexen zu verkleiden, als Lotta hereingestürzt kam.
„Ach du liebes bisschen“, stieß sie hervor. „Also, ich komme doch mit.“
„Sieh mal einer an. Dann bist du also nicht länger böse?“, sagte Jonas.
„Nee, fröhlich, stell dir vor!“, sagte Lotta und spürte, wie es in ihr kribbelte, als sie daran dachte, was in dem Koffer war.
„Das sind ja wirklich drei niedliche kleine Osterhexen“, sagte Tante Berg. Sie sah gerade aus dem Fenster, als die Osterhexen vorbeigingen.
„Bist du jetzt endlich aufgewacht?“, schrie Lotta. Was für ein Glück, dass Tante Berg so lange geschlafen hatte!
„Doch, ja“, sagte Tante Berg. „Aber ich habe heute leider nichts zum Naschen für euch.“
Nichts zum Naschen! Das kriegten die drei überall zu hören, wohin sie kamen.
„Hier sind heute schon so viele Osterhexen gewesen“, sagte ein Mann. „Die Bonbons sind alle. Ihr kommt zu spät!“ Jonas und Mia-Maria sahen ziemlich sauer aus.
„Das habt ihr nun davon, dass ihr so lange Torte gegessen habt“, sagte Lotta.
Und dann sagte sie noch leise zu sich selber: „Lieber Gott, mach, dass ich nicht verrate, was im Koffer ist!“
So ein Geheimnis für sich zu behalten, war fast unmöglich. Aber Lotta kniff den Mund zusammen und sagte nichts.

Kaum hatten sie die Tür hinter sich zugemacht, rissen sich Jonas und Mia-Maria die Röcke und Schürzen und Schals und Kopftücher vom Leibe. Nie wieder würden sie als Osterhexen gehen! Und ein wenig später beim Essen saß nur Lotta als kleine, rotbackige, zufriedene Osterhexe am Esstisch. Papa war inzwischen auch nach Hause gekommen, aber er schien ein bisschen bekümmert zu sein.

„Stell dir vor", sagte er zu Mama, „Vasilis hat sein Geschäft zugemacht. Ich konnte kein einziges Osterei kaufen, denn der Laden war geschlossen."

„Ach herrje", sagte Mama. „Und woher soll der Osterhase jetzt die Eier nehmen?"

„Tja, morgen ist Karfreitag, und da sind alle Geschäfte geschlossen", sagte Papa. „Ich muss Samstag in die Stadt fahren und da welche kaufen. Also dann kommt der Osterhase dieses Jahr erst am Ostersonntag."

„So was Blödes", sagte Mia-Maria. „Wir suchen doch die Ostereier immer schon am Ostersamstag. Gleich frühmorgens."

Lotta schwieg, sie verstand das alles nicht. Konnte sich der Osterhase seine Eier nicht selber besorgen? Was ging das denn Papa an? Nach dem Essen fragte sie Jonas danach, und er lachte.

„Ja, kapierst du denn nicht, dass Papa der Osterhase ist? Er ist auch der Weihnachtsmann, wenn du es genau wissen willst."

Nein, das wollte Lotta überhaupt nicht wissen. Ein Osterhase sollte ein richtiger Osterhase sein und ein Weihnachtsmann ein richtiger Weihnachtsmann. Gerade das machte doch Ostern und Weihnachten so aufregend und geheimnisvoll und wunderbar. Sonst, so für alle Tage, war Papa ja gut zu haben, aber Lotta wollte nicht, dass man ihn mit Osterhasen und Weihnachtsmännern durcheinanderbrachte.

Lotta spürte, dass sie traurig wurde. Was für ein trüber Ostersamstag es ohne Ostereier und ohne Osterhasen werden würde! Darüber musste sie erst mal eine Weile nachgrübeln! Und Lotta grübelte.

Tante Berg schlief morgens immer lange, auch am Ostersamstag, sonst hätte sie ja sehen können, wie jemand aus ihrem Schuppen kam, jemand in einem blauen Pyjama mit zwei großen Tüten, in jeder Hand eine.
Aber niemand war wach, nicht einmal bei Nymans in dem gelben Haus in der Krachmacherstraße, niemand außer Lotta.
Und als Lotta an diesem Ostersamstag mit der seltsamen Beschäftigung, die sie sich vorgenommen hatte, fertig war, kroch sie in ihr gemütliches Bett zurück und schlief wieder ein.
Lotta wachte spät auf, Jonas und Mia-Maria waren schon fix und fertig angezogen.
„Komm, Lotta", sagte Mia-Maria. „Vielleicht ist der Osterhase ja doch da gewesen."
„Ja, denn sonst macht das ganze Ostern keinen Spaß", sagte Jonas.
Lotta sagte nichts. Sie lächelte nur still vor sich hin.
Mia-Maria half ihr beim Anziehen, damit es schneller ging.
Mama und Papa saßen in der Küche und tranken Kaffee.
„Ist der Osterhase vielleicht doch noch gekommen?", fragte Mia-Maria.
„Aber mein liebes Kind, du weißt doch genau, dass er nicht gekommen ist", sagte Mama.
„Er kommt erst morgen, das habe ich euch doch gesagt", sagte Papa.
Mia-Maria zog einen Flunsch. „Morgen, das ist nicht dasselbe."
„Es soll so sein wie immer", sagte Jonas.
Lotta ging zur Tür. „Ich glaub, ich guck trotzdem mal nach."
Und schwups!, war sie verschwunden.
Papa wollte gerade Jonas und Mia-Maria trösten, da hörten sie draußen im Garten wilde Freudenschreie von Lotta.
„Kommt mal gucken", rief sie. „Hier ist was Komisches!"
Jonas und Mia-Maria liefen hinaus. Dort stand Lotta und zeigte aufgeregt auf etwas im Gras unter der Birke.
Auf etwas Unglaubliches!
„Nein, jetzt glaube ich, Papa ist völlig übergeschnappt", sagte Jonas.

Der ganze Rasen dort stand voller roter Weihnachtsmänner und weißer Engel und Marzipanschweinchen und Schneemänner. Es sah aus, als hätten sie es richtig nett miteinander. Als wollten sie gleich anfangen, ein lustiges Spiel zu spielen.
Jonas und Mia-Maria fingen an zu lachen.
„Die sind alle aus Schokolade“, sagte Jonas. „Außer den Marzipanschweinchen“, sagte Mia-Maria.
Jetzt kamen auch Mama und Papa.
„Was ist denn das?“, fragte Papa. „Wo kommt das alles her?“
Mia-Maria lachte sich fast scheckig.
„Und du hast uns gesagt, der Osterhase kommt dies Jahr nicht!“
„Ist er auch nicht“, sagte Lotta. „Es war ein kleiner Weihnachtshase.“
Sie kicherte so sehr, dass sie sich kaum auf den Beinen halten konnte.
„Ich weiß nichts davon“, sagte Papa.
„Ja, ich auch nicht“, sagte Mama.
„Und ich auch nicht“, sagte Lotta.
Sie kicherte noch viel mehr. Und sie dachte, dass sie am liebsten jeden Tag so eine Überraschung für die anderen hätte.
Dann fiel ihr ein, was noch im Koffer lag, ein Weihnachtsmann, ein Engel, ein Marzipanschweinchen und ein Schneemann. Aber damit würde es keine Überraschung geben.
„Ich bin jedenfalls ein frohlich Kind, das hat Vasilis gesagt, und gerade jetzt bin ich besonders frohlich!“, sagte Lotta.

LOTTA zieht um

Alle sind gemein zu Lotta

Als Lotta aus der Krachmacherstraße gerade fünf Jahre alt geworden war, wachte sie eines Morgens auf und hatte schon von Anfang an schlechte Laune. Sie hatte etwas geträumt, was sie ärgerte, und sie glaubte, was man träume, sei wahr, die kleine, dumme Lotta.

Darum war sie böse.

„Die haben meinen Teddy gehauen!", schrie Lotta, als Mama hereinkam, um nachzusehen, weshalb Lotta morgens um acht im Bett saß und laut heulte.

„Wer hat deinen Teddy gehauen?", fragte Mama.

„Jonas und Mia-Maria!", schrie Lotta.

„Liebe Lotta, das hast du nur geträumt", sagte Mama. „Jonas und Mia-Maria sind in die Schule gegangen. Sie haben gar keine Zeit gehabt, deinen Teddy zu verhauen."

„Sie haben es aber doch getan, auch wenn sie keine Zeit hatten", schrie Lotta und streichelte den armen Teddy.

Lottas Teddy war ein dickes Schweinchen, das Mama aus hellrosa Stoff genäht und Lotta geschenkt hatte, als sie drei Jahre alt geworden war. Damals war der Teddy sauber und rosa und fein gewesen, jetzt war er schmutzig und sah wirklich aus wie ein richtiges Schweinchen. Lotta aber meinte, er wäre ein Bär, und darum musste er Teddy heißen, obwohl Jonas immer sagte: „Hahaha, es ist kein Bär, es ist ein Schwein!"

„Du Dummer", sagte Lotta dann, „es ist doch ein Bär!"
„Denkst du", sagte Jonas. „Aber was glaubst du, ist es ein Eisbär oder ein gewöhnlicher Bär?"
„Es ist ein Schweinsbär", sagte Lotta, „stell dir mal vor!"
Und ihren Schweinsbären hatte Lotta gern. Er durfte nachts in ihrem Bett schlafen, und sie erzählte sich viel mit ihm, wenn Jonas und Mia-Maria es nicht hörten.
Aber jetzt lag der Teddy dort auf dem Kissen und war traurig, weil Jonas und Mia-Maria ihn gehauen hatten, wie Lotta meinte. Sie weinte und streichelte den Teddy und sagte: „Armer Teddy, ich verprügle Jonas und Mia-Maria. Das tu ich!"
Jonas und Mia-Maria und Lotta und Mama und Papa wohnten in einem gelben Haus in der Krachmacherstraße. Jonas und Mia-Maria gingen jeden Morgen in die Schule, und Papa ging ins Büro, Mama und Lotta blieben als Einzige zu Hause.
„Es ist ein wahres Glück, dass ich meine kleine Lotta habe", sagte Mama immer. „Sonst wäre ich den ganzen Tag hier allein."
„Ja, es ist ein wahres Glück, dass du mich hast", sagte Lotta dann. „Sonst könntest du einem wirklich leidtun."
Aber das sagte sie nicht jetzt, nicht an diesem Morgen, als sie böse war. Da sagte sie nichts, sondern saß nur da und maulte und machte ein beleidigtes Gesicht.
Als sie sich dann anziehen sollte, brachte Mama den weißen Pullover, den Oma für Lotta gestrickt hatte.
„Den nicht", sagte Lotta. „Der kratzt und pikst."
„Der kratzt und pikst bestimmt nicht", sagte Mama. „Fühl mal, wie weich und mollig er ist."
„Nein, der kratzt und pikst", sagte Lotta, ohne zu fühlen. „Ich will mein Sandkleid anziehen."
Sie hatte ein hellblaues Samtkleid, das ihr bestes Kleid war. „Sandkleid" nannte Lotta es. Und jetzt wollte sie das anziehen, und dabei war heute Donnerstag, ein ganz gewöhnlicher Donnerstag.
„Sonntag darfst du das Samtkleid anziehen", sagte Mama. „Heute wird dieser Pullover angezogen."
„Dann laufe ich lieber nackt herum", sagte Lotta.
„Dann tu das", sagte Mama und ging in die Küche hinunter.
Lotta blieb oben im Kinderzimmer sitzen, böse und nackt, ja, natürlich nicht ganz nackt. Sie hatte ein Hemdchen an und Höschen und Strümpfe.
„Aber sonst ganz und gar nackt", sagte Lotta zu ihrem Teddy – er war ja der Einzige, mit dem sie reden konnte.
„Lotta, du kommst wohl gleich herunter und trinkst deinen Kakao", rief Mama unten an der Treppe.
„Denkst du", murmelte Lotta auf ihrer Bettkante.
„Antworte doch, Lotta!", rief Mama. „Willst du Kakao trinken oder nicht?"
Jetzt war Lotta ganz zufrieden. Mama mochte ruhig fragen und fragen, ob Lotta Kakao trinken wollte. Lotta dachte nicht daran, zu antworten, und sie fand es schön, dass sie nicht antwortete, wenn Mama rief.
Aber sie hatte Hunger und hätte nur zu gern Kakao getrunken, und nachdem sie noch eine Weile gewartet hatte, nahm sie ihren Teddy und ging die Treppe hinunter. Sehr langsam ging sie, und sie blieb auf jeder Stufe einen Augenblick stehen. Mama sollte nicht zu sicher

sein – vielleicht trank sie Kakao und vielleicht auch nicht.
„Ich werde mal sehen, was ich tue", sagte Lotta zum Teddy.
Und dann ging sie in die Küche.
„Sieh mal an, da ist ja Lotta!", sagte Mama.
Lotta blieb an der Tür stehen und maulte immer weiter, damit Mama nicht dachte, sie sei etwa nicht mehr böse.
Mama und Lotta aßen morgens zusammen in der Küche Frühstück. Es war dort immer so gemütlich – und jetzt auch wieder. Die Sonne schien durchs Fenster, und auf dem Tisch stand Lottas eigene blaue Tasse, bis an den Rand voll Kakao, und daneben lag ein Käsebrot.
Sonst plapperte Lotta in einem fort, aber heute sagte sie nichts. Und Mama saß am Tisch, trank Kaffee und las die Zeitung und sagte ebenfalls kein Wort.
Schließlich sagte Lotta: „Ich kann ja ein bisschen Kakao trinken, wenn es durchaus sein muss."
„Nein, es muss nicht durchaus sein", sagte Mama. „Und vor allem zieh dich erst an!"
Nun war Lotta ja schon ziemlich böse gewesen, aber jetzt wurde sie richtig wütend. Oh, wie war Mama dumm! Kein Kleid bekam man anzuziehen, bloß einen ekligen Pullover, der kratzte und pikste, und nun bekam man auch nichts zu essen! Oh, wie war Mama dumm!
„Du Dumme!", schrie Lotta und stampfte mit dem Fuß auf.
„So, Lotta", sagte Mama, „nun ist es aber genug. Geh hinauf ins Kinderzimmer, und bleib da, bis du wieder artig bist."
Da begann Lotta zu brüllen, dass man es sogar bei Tante Berg im Nachbarhaus hören konnte.
Und sie rannte durch die Küchentür hinaus und die Treppe hinauf ins Kinderzimmer und brüllte ununterbrochen, sodass Tante Berg drüben den Kopf schüttelte und sagte: „Nun hat Lottachen aber sicher Bauchweh!"
Aber Lotta hatte überhaupt kein Bauchweh, sie war nur wütend. Und als sie am wütendsten war, fiel ihr Blick auf den weißen Pullover. Der lag auf einem Stuhl und sah aus, als kratzte er schlimmer als je zuvor. Lotta stieß ein Geheul aus und schmiss den Pullover auf den Fußboden. Aber dann verstummte sie. Auf dem Fußboden gleich neben dem Pullover lag eine Schere, die Lotta immer gebrauchte, wenn sie Anziehpuppen ausschnitt.

Ganz leise hob Lotta die Schere auf und schnitt ein großes Loch in den Pullover.
„Das geschieht dir ganz recht", sagte Lotta, „denn du kratzt und pikst."
Lotta steckte die Hand durch das Loch. Oh, das war aber groß! Und es sah unheimlich aus, wie da eine ganze Hand herausguckte, wo keine Hand herausgucken durfte. Lotta bekam Angst.
„Ich sage, ein Hund hat ihn kaputt gebissen", sagte sie zum Teddy.
Sie hielt den Pullover hoch und betrachtete ihn lange. Dann nahm sie die Schere und schnitt einen Ärmel ab.
„Ich sage, er hat ihn ganz schrecklich kaputt gebissen", sagte Lotta.
Wieder hielt sie den Pullover hoch und betrachtete ihn lange. Dann nahm sie die Schere und schnitt auch den zweiten Ärmel ab.
„So 'n Hund ist mir aber noch nie vorgekommen", sagte Lotta.
Doch dann bekam sie ernstlich Angst. Sie knüllte den Pullover zu einem Ball zusammen und

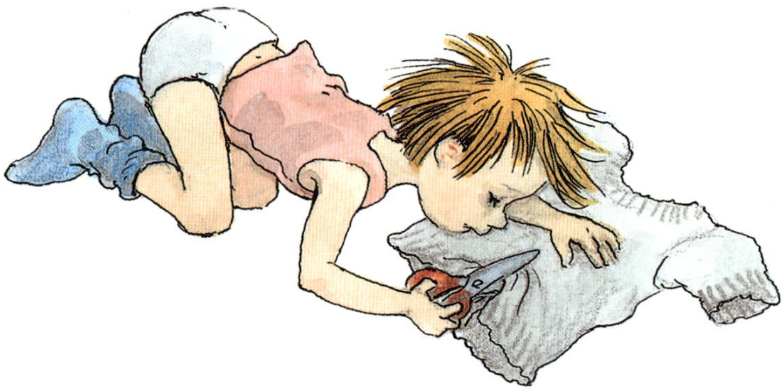

stopfte ihn in den Papierkorb. Jetzt wollte sie ihn nicht mehr sehen.
Im selben Augenblick rief Mama unten von der Treppe: „Lotta, bist du wieder artig?“
Da weinte Lotta leise vor sich hin und sagte: „Nein, kein bisschen.“
Sie nahm den Teddy in den Arm und drückte ihn an sich.
„Es geschieht ihnen aber auch ganz recht“, sagte Lotta, „wo sie alle so gemein zu mir sind.“
Das war nicht wahr, und das wusste Lotta.
Schneidet man aber einen Pullover kaputt, dann braucht man jemanden, auf den man die Schuld schieben kann.
„Doch, doch, alle sind gemein zu mir“, sagte Lotta zum Teddy. „Bloß deshalb schneide ich ja Sachen kaputt.“
Sie sah zu dem Papierkorb, in dem der Pullover lag.
„Und außerdem hat es ein Hund getan“, sagte sie.

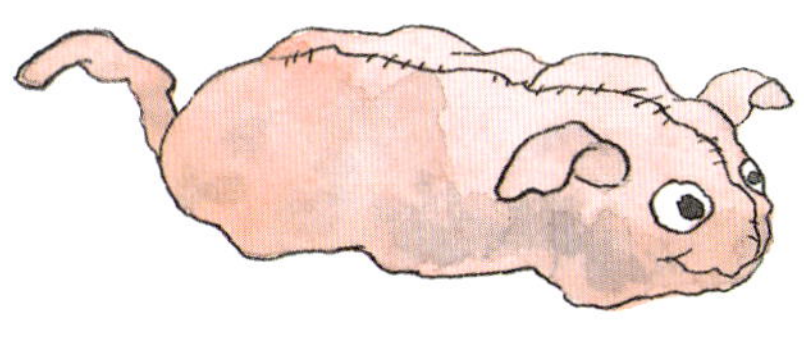

Lotta zieht aus

Nun war es aber Zeit, dass Mama einkaufen gehen wollte. Darum kam sie ins Kinderzimmer und sagte: „Mach schnell und sei wieder artig, Lotta, und zieh den Pullover an. Dann darfst du mitkommen zum Einkaufen."

Einkaufen, das war das Schönste, was es für Lotta gab. Aber der Pullover, den sie anziehen sollte, lag ja im Papierkorb und war zerschnitten. Kein Wunder, dass Lotta wieder ein Geschrei anstimmte, das bis zu Tante Berg zu hören war.

„Was in aller Welt ist mit dir los, Lotta?", fragte Mama. „Hast du die Absicht, den ganzen Tag solchen Krach zu machen? Ja, dann muss ich wohl allein einholen gehen."

Und dann ging Mama.

Lotta saß auf dem Fußboden und schrie, so lange sie konnte. Dann wurde sie still und begann zu überlegen.

Es würde so kommen, sagte sich Lotta, dass sie ihr ganzes Leben lang im Kinderzimmer sitzen musste, bloß wegen dieses Pullovers. Alle anderen gingen einkaufen und in die Schule und ins Büro oder hatten etwas anderes Schönes vor, aber Lotta musste ganz allein ohne Kleid mit dem Teddy im Kinderzimmer auf dem Fußboden sitzen.

„Da ist es schon besser, wir gehen weg", sagte Lotta zum Teddy.

Oh gewiss, man konnte ja gehen. Maja, die Hausgehilfin von Frau Larsson, war auch gegangen. Es hätte ihr bei Larssons nicht gefallen, sagte Mama.

„Und mir gefällt es bei Nymans nicht", sagte Lotta zum Teddy.

Nymans, das waren Mama und Papa, Jonas und Mia-Maria – und dann natürlich Lotta selbst.

„Die sind so gemein zu mir, die Nymans", sagte Lotta. „Es geschieht ihnen ganz recht, wenn wir weggehen."

Lotta beschloss, sofort auszuziehen.

„Wir müssen schnell machen, sonst kommt Mama wieder nach Hause", sagte sie zum Teddy, „und dann geht es nicht mehr."

Aber sie wollte nicht weggehen, ohne dass es bemerkt wurde. Mama sollte es wissen, und sie sollte weinen, weil Lotta nicht mehr da war. Darum nahm sie jetzt Papier und Bleistift und schrieb einen Zettel an Mama.
Jonas hatte ihr das Lesen und Schreiben der Druckbuchstaben beigebracht. Es war ziemlich schwer, aber es ging, und auf dem Zettel stand Folgendes:

Das sollte heißen:
Ich bin weggezogen, guckt in den Papierkorb.
„Dann weiß Mama gleich, weshalb ich weggezogen bin“, sagte Lotta.
Und dann nahm sie ihren Teddy und zog aus. Wie sie ging und stand, nur mit Hemdchen und Höschen und Schuhen und Strümpfen bekleidet. Vorher ging sie noch schnell in die Küche und trank den Kakao. Das Käsebrot nahm sie mit und aß es auf dem Flur auf.

Wohin soll Lotta ziehen?

Man kann wohl ausziehen; aber man muss wissen, wohin man ziehen will. Das wusste Lotta aber nicht.
„Ich kann Tante Berg fragen, ob ich bei ihr wohnen darf", sagte Lotta.
Und dann warf sie den Teddy über den Zaun, der die Gärten von Nymans und Tante Berg trennte, und kletterte selbst hinterdrein. Skotty, Tante Bergs Hund, bellte, als er das sah, aber das störte Lotta nicht. Sie ging zu Tante Berg ins Haus.
„Guten Tag", sagte Lotta, „darf ich hier wohnen?"
„Guten Tag, Lotta", antwortete Tante Berg. „Ich dachte, du wohnst zu Hause bei deiner Mama und deinem Papa!"
„Ja, aber ich will wegziehen", sagte Lotta. „Mir gefällt es bei Nymans nicht."
„Aha, ja, dann verstehe ich, dass du wegziehen möchtest", sagte Tante Berg. „Solltest du aber nicht etwas mehr anziehen?"
„Bei Nymans bekomme ich nichts zu essen und nichts anzuziehen", sagte Lotta.
Nun war es so, dass Tante Berg Pullover, Jacken, Mützen und Fausthandschuhe strickte und sie an Leute verkaufte, die selber nicht stricken konnten. Und rasch ging sie an ihre Kommode und holte einen weißen Pullover heraus, den sie Lotta über den Kopf zog. Er war etwas zu groß für Lotta, er war fast so lang wie ein Kleidchen.
„Wie fühlt er sich an?", fragte Tante Berg.
„Gut", antwortete Lotta. „Der kratzt nicht und pikst nicht."
„Das ist aber schön", sagte Tante Berg.
„Ja, das ist wirklich schön", sagte Lotta. Dann sah sie sich im Zimmer um.
„Wo kann mein Bett stehen?", fragte sie.
„Das ist schon schwieriger", sagte Tante Berg. „Weißt du, Lotta, ich glaube kaum, dass du bei mir wohnen kannst. Hier ist kein Platz für noch mehr Betten."
„Du liebe Zeit", sagte Lotta, „irgendwo muss ich doch wohnen!"
Tante Berg überlegte einen Augenblick, dann sagte sie: „Ich finde, du müsstest ganz für dich allein wohnen, Lotta."

„Ich hab doch aber kein Haus", sagte Lotta.
„Du kannst meine Rumpelkammer mieten", sagte Tante Berg.
Hinten in Tante Bergs Garten stand ein alter Schuppen. Darin bewahrte Tante Berg ihren Rasenmäher auf und ihre Harke, ihren Spaten, ein paar Sack Kartoffeln, ein paar Sack Holz und dergleichen mehr. Über dem Schuppen war ein Boden. Dort hatte Tante Berg alte Möbel und anderen Kram stehen.
„Nur altes Gerümpel", sagte Tante Berg.
Daher nannte sie den Boden auch Rumpelkammer. Jonas, Mia-Maria und Lotta versuchten manchmal, sich in Tante Bergs Rumpelkammer hinaufzuschleichen, nur um sich die Sachen anzusehen, die dort standen.
Aber Tante Berg entdeckte sie immer und rief durch das Fenster: „Nein, halt, dort dürft ihr nicht hingehen!"
Und nun saß Tante Berg hier und sagte, Lotta dürfe ihre Rumpelkammer mieten! Kein Wunder, dass Lotta sich da freute.
„Das ist das Beste, was ich seit Langem gehört habe", sagte sie. „Kann ich jetzt gleich einziehen?"
„Wir müssen wohl erst einmal schauen, wie es dort aussieht", sagte Tante Berg.
Und dann gingen Lotta und Tante Berg zusammen in die Rumpelkammer. Tante Berg schüttelte den Kopf über all den Kram.
„Du kannst doch wohl nicht in diesem ganzen Durcheinander wohnen, Lotta?"
„Aber natürlich kann ich das", sagte Lotta. „Hier ist es fein. Und fühl doch mal, wie warm und schön es ist."
„Fast ein bisschen zu warm und schön", sagte Tante Berg und machte das kleine Fenster auf, damit frische Luft hereinkam.

Lotta lief sogleich hin und guckte hinaus.
„Sieh nur, von hier aus kann man Nymans Haus sehen", sagte Lotta.
„Ja", sagte Tante Berg, „die haben ein wunderschönes Haus, die Nymans, und einen wunderschönen Garten."
Lotta streckte die Zunge nach dem gelben Haus aus, in dem die Nymans wohnten.
„Aber ich werde nie mehr dort wohnen, haha, nie mehr, denn ich wohne jetzt mein ganzes Leben lang hier."
Vor dem Fenster hing eine hübsche rot karierte Gardine.
„Sieh mal, Gardinen hab ich schon", sagte Lotta zufrieden und strich über die Gardine. „Nun muss ich nur noch möblieren."
„Willst du alles allein machen, oder soll ich dir helfen?", fragte Tante Berg.

„Du darfst ein bisschen helfen", sagte Lotta, „aber ich will bestimmen."
„Dann fang an und bestimme", sagte Tante Berg. „Welche Möbel möchtest du haben?"
Lotta sah Tante Berg an und zwinkerte ihr zu. Dies war lustiger, als sie je gedacht hätte, und es war wirklich dumm, dass sie nicht schon längst von zu Hause weggezogen war.
„Die Kommode da, die möchte ich haben", sagte Lotta und zeigte auf eine kleine weiße Kommode.
„Ja, bitte sehr", sagte Tante Berg.
„Und den roten Tisch", sagte Lotta.
„Bitte sehr", sagte Tante Berg.
„Und ein paar Stühle", sagte Lotta. „Gibt's hier Stühle?"
„Ja, sie sind allerdings ein bisschen kaputt", antwortete Tante Berg.
„Das macht nichts", sagte Lotta. „Was gibt's sonst noch?"
„Ein Bett musst du wohl haben?"
„Ist hier denn eins?", fragte Lotta.
„Und ob", sagte Tante Berg. „Hier hinter den Umzugskisten steht ein Kinderbett und wahrhaftig auch ein Puppenbett. Meine Tochter hat darin geschlafen, als sie klein war."
„Im Puppenbett?", fragte Lotta.
„Nein, im Kinderbett natürlich", sagte Tante Berg.
„Dann kann ich jetzt darin schlafen", sagte Lotta, „und der Teddy kann im Puppenbett schlafen. Dann brauchen wir uns in meinem Bett nicht so zu drängeln. Ist Bettzeug da?"
„Ja, eine Matratze und einige Kissen und vielleicht eine Decke", antwortete Tante Berg, „aber keine Bettwäsche."
„Bettwäsche, auf die pfeif ich", sagte Lotta.
„Komm, wir wollen jetzt möblieren."
Und Tante Berg schleppte ganz brav die Möbel herbei und half Lotta, ein kleines Zimmer herzurichten.
Den Tisch und die Stühle stellte sie ans Fenster und die Kommode an die eine Wand. Das Bett konnte an der anderen Wand stehen und daneben das Puppenbett.
„Es ist genau wie eine Stube", sagte Lotta.
Tante Berg suchte auch einen alten Flickenteppich heraus. Den legte sie auf den Fußboden, und nun sah es noch mehr wie eine Stube aus. Einen runden Spiegel voller Fliegenschmutz hängte sie über die Kommode, und über Lottas Bett hängte sie ein Bild von Rotkäppchen und dem Wolf. Das fand Lotta wunderschön.
„Bilder muss man haben", sagte Lotta, „sonst ist es keine richtige Haushaltung."
Lotta sagte immer, wenn sie groß wäre, wollte sie Hühneraugen haben wie Tante Berg und „eine Haushaltung" wie Mama. Und nun blickte sie

sich in ihrer kleinen Stube um und zwinkerte Tante Berg zu.
„Die Haushaltung habe ich schon", sagte sie.
„Ja, und mit den Hühneraugen hat es wohl nicht solche Eile", meinte Tante Berg.
„Nein, nein", sagte Lotta.
Dann nieste sie dreimal hintereinander.
„Hier ist viel Staub", sagte Tante Berg. „Darum hast du geniest."
„Das macht nichts", sagte Lotta. „Ich kann Staub wischen. Gibt's hier ein Staubtuch?"
„Sieh in der Kommode nach", sagte Tante Berg.
Da zog Lotta die oberste Schublade heraus.
„Du liebe Zeit", sagte Lotta, „hier gibt's ja ein Puppengeschirr."
Tante Berg schaute auch in die Kommodenschublade. „Ach ja, richtig, das alte Puppengeschirr! Das hatte ich vergessen."
„Was für ein Glück, dass ich es gefunden habe", sagte Lotta.
Sie nahm das Geschirr heraus und stellte es auf den Tisch. Es war weiß und hatte blaue Blümchen. Da gab es Tassen und Teller und eine Kuchenplatte und eine Kaffeekanne und eine Zuckerschale und einen Sahnegießer.
Lotta hüpfte vor Freude.
„Wenn Mia-Maria das sähe, dann würde sie wahnsinnig werden", rief sie.
„Das kann ich mir gar nicht denken", sagte Tante Berg. „Sieh nach, ob nicht in einer von den anderen Schubladen ein Staublappen liegt."
Lotta zog die nächste Schublade heraus, aber da lag auch kein Staubtuch. Da lag eine große Puppe mit blauen Augen und schwarzen Haaren.
„Oh", sagte Lotta, „oh – nein …"
„Wahrhaftig, da liegt Viola Linnea", sagte Tante Berg.
„Heißt sie so?", fragte Lotta. „Die ist aber fein, die Viola Linnea. Ja, dann kann aber der Teddy nicht im Puppenbett schlafen, da muss Viola Linnea

drin schlafen ... Ich darf sie doch haben?"
„Ja, wenn du vorsichtig mit ihr umgehst", sagte Tante Berg. „Und selbstverständlich schläft sie in ihrem eigenen Puppenbett. Der Teddy muss Platz machen."
Lotta nickte.
„Ja, er schläft sowieso am liebsten bei mir."
„Sieh auch in die unterste Schublade", sagte Tante Berg. „Da liegen sicher eine Menge Puppenkleider. Ich weiß noch, dass ich ewig und immer für diese Puppe Kleider genäht habe."
Lotta zog schnell die unterste Schublade auf, und dort lagen ganze Stapel von Kleidern und Jäckchen, Mänteln und Mützen, Unterzeug und Nachthemden für Viola Linnea.
„Wenn Mia-Maria das hier sähe, würde sie wahnsinnig werden", sagte Lotta wieder. Sie zerrte alle Kleider heraus, setzte sich mitten auf den Fußboden und begann, Viola Linnea anzuziehen.
Tante Berg hatte gerade ein zerrissenes Handtuch gefunden, das Lotta als Staubtuch nehmen sollte. Aber Lotta meinte: „Staub wischen kann ich nachher. Jetzt muss ich überlegen, welches Kleid ihr bestes sein soll."
Das fiel Lotta schwer, denn es gab so viele verschiedene Kleider, rote und blaue und weiße und gelbe und karierte und gestreifte und gepunktete und geblümte.
„Das weiße Bordürenkleid ist am feinsten", sagte Lotta schließlich, „das darf sie nur sonntags anziehen."
„Du hast recht", sagte Tante Berg. „Das soll sie nicht alltags tragen."
Dann klopfte Tante Berg Lotta auf die Wange und sagte: „Nun ist hier wohl alles so weit fertig. Ich glaube, jetzt gehe ich zu mir nach Hause."
Lotta nickte. „Das tu nur. Wenn du die Nymans siehst, dann grüße sie von mir, und ich wohne jetzt in meinem eigenen Haus und komme nie wieder heim."

„Das werde ich tun“, sagte Tante Berg und ging. Als sie aber einige Stufen der Treppe hinuntergegangen war, rief Lotta hinter ihr her: „Hör mal, Tante Berg, ich muss ja auch was zu essen haben!“
„Ja, gewiss“, sagte Tante Berg.
„Kann ich bei dir was bekommen?“, fragte Lotta.
„Ja, aber du musst es dir selber holen“, antwortete Tante Berg. „Ich bin nicht mehr kräftig genug, die Treppen rauf- und runterzulaufen.“
Da fiel Lottas Blick auf einen Korb, der an einem Haken von der Decke hing, und sie rief: „Weißt du was, Tante Berg, mir ist was Tolles eingefallen.“
Lotta war eingefallen, dass man an den Korb eine lange Leine binden und ihn damit durch das Fenster hinablassen konnte. Dann konnte Tante Berg das Essen hineintun.
„Und dann zieh ich ihn einfach herauf, und peng, habe ich das Essen“, sagte Lotta.
„Du bist aber ganz schön schlau“, sagte Tante Berg.
Und freundlich, wie sie war, ging sie in ihr Haus und holte für Lotta etwas zu essen. Als sie zurückkam, hatte Lotta den Korb schon hinuntergelassen und saß da und wartete.
„Peng, da hast du das Essen!“, rief Tante Berg.
„Sag mir nicht, was es ist!“, rief Lotta zurück. „Ich möchte selber nachsehen.“
Sie zog den Korb herauf, und darin waren ein Zitronensprudel und zwei Strohhalme, ein kalter Pfannkuchen in Papier und ein Schälchen mit Marmelade.
„Besser als bei Nymans“, sagte Lotta. „Auf Wiedersehen, Tante Berg. Und vielen Dank!“
Dann ging Tante Berg.

Lotta legte den Pfannkuchen auf den Tisch und tat tüchtig Marmelade darauf. Dann wickelte sie ihn zu einer Rolle zusammen, hielt die mit beiden Händen fest und biss große Stücke davon ab. Zwischen den Happen trank sie mit einem Strohhalm von ihrem Sprudel.
„Äußerst bequem“, sagte Lotta. „Und nichts abzuwaschen. Und dabei sagen die Leute, es wäre so schwer mit einer Haushaltung.“
Lotta fand es kein bisschen schwer, einen Haushalt zu haben, ihr machte es nur Spaß.
Als sie gegessen hatte, wischte sie sich Mund und Hände am Staubtuch ab.

Danach wischte sie Staub auf ihren Möbeln, auf dem Tisch, der Kommode, den Stühlen, dem Bett, dem Puppenbett, dem Spiegel und dem Bild von Rotkäppchen und dem Wolf.
Zum Schluss machte sie für Viola Linnea das Puppenbett zurecht und das Kinderbett für sich und den Teddy.
Sie war richtig fröhlich und sang die ganze Zeit ein Liedchen, das sie konnte:

„*Komm ich in mein Häuschen klein,*
bin ich nachts so ganz allein,
sitz im Schein des kleinen Lichts,
hab eine Katze und sonst nichts.

Aber eine Katze habe ich ja eigentlich nicht",
sagte Lotta.

Lotta bekommt Besuch

Lotta spielte lange, lange mit Viola Linnea und dem Teddy und dem Puppengeschirr und wischte fünf Mal auf ihren Möbeln Staub. Aber dann setzte sie sich auf einen Stuhl und überlegte.
„Du liebe Zeit", sagte sie zum Teddy, „was tut man bloß den ganzen Tag über in einer Haushaltung?"
Kaum hatte sie das gesagt, da hörte sie, wie jemand die Treppe heraufkam, und das waren Jonas und Mia-Maria.
„Ich bin umgezogen", sagte Lotta.
„Das wissen wir schon", sagte Jonas. „Tante Berg hat es uns erzählt."
„Und ich bleibe mein ganzes Leben lang hier wohnen", sagte Lotta.
„Denkst du", sagte Jonas.
Mia-Maria aber stürzte sich sofort auf das Puppengeschirr.
„Oh, ist das toll!", rief sie und hob die Tassen, die Platte und die Kaffeekanne hoch. „Oh, ist das toll!"
Dann entdeckte sie Viola Linnea und alle ihre Kleider.
„Oh, ist das toll", sagte Mia-Maria und wühlte die Kleider durch, um zu sehen, wie viele es waren.
„Lass das", sagte Lotta. „Das ist mein Haus, und das sind meine Sachen."
„Ach, ich darf wohl auch hier sein und damit spielen", sagte Mia-Maria.
„Ja, aber nur ein bisschen", antwortete Lotta.
Dann fragte sie: „Weint Mama?"
„Nein, sie weint doch nicht", sagte Jonas.
„Das tue ich aber doch", hörte Lotta jemanden unten an der Treppe sagen, und da stand Mama. „Natürlich weine ich meiner kleinen Lotta nach."
Lotta nickte zufrieden.
„Das hilft nichts. Jetzt bin ich umgezogen und habe eine Haushaltung."
„Das sehe ich", sagte Mama. „Und wie gemütlich du es hast!"
„Ja, viel besser als zu Hause", sagte Lotta.
„Ich habe eine kleine Blume für dich mitgebracht. Das muss man ja tun, wenn Leute umziehen", sagte Mama und schenkte Lotta eine rote Pelargonie in einem Topf.
„Das ist ein guter Einfall", sagte Lotta. „Die kann ich ins Fenster stellen. Danke schön!"
Lotta wischte von Neuem auf all ihren Möbeln Staub, damit Mama und Mia-Maria und Jonas es sahen, und sie fanden Lotta auch sehr tüchtig in der Haushaltung.
Aber als Lotta mit dem Staubwischen fertig war, sagte Mama: „Willst du nicht mit Jonas und Mia-Maria nach Hause kommen und essen?"
„Nein, ich bekomme Essen von Tante Berg", sagte Lotta und zeigte, wie schlau sie es mit dem Korb eingerichtet hatte.
„Du bist jedenfalls gar nicht dumm", sagte Jonas. Dann setzte er sich auf den Fußboden und las alte Zeitschriften, die er in einer Ecke gefunden hatte.
Aber Mama sagte: „Also, auf Wiedersehen, liebe Lotta. Wenn du den Wunsch haben solltest, wieder nach Hause umzuziehen, gegen Weihnachten oder so um diese Zeit, dann weißt du, dass wir uns allesamt freuen."
„Wie lange ist es bis Weihnachten?", fragte Lotta.
„Sieben Monate", sagte Mama.
„Ha, ich bleibe doch länger hier wohnen als sieben Monate!", rief Lotta.

„Denkst du", sagte Jonas.
Dann ging Mama. Lotta und Mia-Maria spielten mit Viola Linnea, und Jonas saß auf dem Fußboden und las seine Zeitschriften.
„Ist es nicht schön hier, Mia-Maria?", fragte Lotta.
„Doch, eine bessere Spielstube gibt es nicht", antwortete Mia-Maria.
„Das ist keine Spielstube", sagte Lotta. „Das ist mein Haus."
Da kam wieder jemand die Treppe herauf, und das war Papa.
„Oh weh, oh weh, oh weh, welch ein Unglück!", jammerte Papa. „Die Leute in der Stadt erzählen, du wärest von zu Hause weggezogen, Lotta. Ist das wahr?"
Lotta nickte.
„Ja-a-a, bin ich."
„Dann weiß ich aber einen, der heute Abend weint, und das ist dein armer Papa. Denk nur, wenn ich ins Kinderzimmer komme und meinen Kindern Gute Nacht sagen will, dann ist ein Bett leer. Lotta ist weg."

„Das hilft nichts", sagte Lotta. Wenn Papa ihr auch leidtat, wirklich …
„Nein, das hilft wohl nichts", sagte Papa. „Aber Jonas und Mia-Maria kommen jedenfalls jetzt mit nach Hause und essen Frikadellen und Aprikosenkompott."

Dann gingen Papa und Jonas und Mia-Maria.
„Also leb wohl, kleine Lotta", sagte Papa, als er ging.
„Leb wohl", sagte Lotta.
„Tschüs!", riefen Jonas und Mia-Maria.
„Tschüs!", sagte Lotta.

Bin ich nachts so ganz allein ...

Dann war Lotta allein. Tante Berg brachte ihr das Abendessen. Lotta zog den Korb herauf, und darin lagen wieder ein Zitronensprudel und zwei Strohhalme und ein kaltes Schweinskotelett.
„Ebenso gut wie bei Nymans", sagte Lotta zum Teddy.
Als sie gegessen hatte, wischte sie noch einmal auf ihren Möbeln Staub.
Dann stand sie am Fenster und schaute zu Nymans hinüber.
Jonas und Mia-Maria waren im Garten und spielten mit Papa Krocket. Alle Apfelbäume blühten. Sie sahen aus wie große Blumensträuße, fand Lotta. Das war wunderschön.
„Krocket spielen macht Spaß", sagte Lotta zum Teddy. „Aber eine eigene Haushaltung haben, das macht noch mehr Spaß."
Bald begann es zu dämmern. Da gingen Papa und Jonas und Mia-Maria in ihr gelbes Haus. Lotta seufzte. Jetzt hatte sie niemanden mehr, dem sie zuschauen konnte.
Sie hatte lange am Fenster gestanden und hinausgesehen. Unterdessen war mit Tante Bergs Rumpelkammer etwas vor sich gegangen, was Lotta nicht erwartet hatte. Hier war es ziemlich dunkel geworden, das sah sie jetzt, als sie sich umdrehte.
Die Dunkelheit war in den Ecken. Da lag sie und war ganz schwarz. Sie schob sich näher an Lottas Stube heran, sodass nur vorn am Fenster ein kleiner heller Fleck übrig blieb.
„Es ist besser, wir gehen schlafen, denn wir können bald nichts mehr sehen", sagte Lotta zum Teddy.

Sie beeilte sich, Viola Linnea ins Puppenbett zu legen und den Teddy ins Kinderbett. Dann kroch sie selbst zum Teddy hinein und zog sich die Decke bis über die Nase.
„Ich habe nicht etwa Angst, wenn es dunkel ist", sagte sie, „aber ich finde es traurig."
Sie seufzte ein paarmal, dann richtete sie sich auf und sah in die Dunkelheit hinaus.
„Huh", sagte Lotta und kroch wieder unter die Decke. Sie drückte ihren Teddy an sich.

„Jetzt liegen Jonas und Mia-Maria sicher auch im Bett", sagte sie. „Und dann kommen Mama und Papa und sagen Gute Nacht. Aber zu mir nicht …"
Lotta seufzte. Und dieser Seufzer war das Einzige, was in der Rumpelkammer zu hören war. Sonst war es ganz, ganz still.
Es dürfte nicht so still sein, dachte Lotta, und darum fing sie an zu singen:

„Komm ich in mein Häuschen klein,
bin ich nachts so ganz allein …"

Aber dann schwieg sie und seufzte.
Noch einmal versuchte sie es:

„Komm ich in mein Häuschen klein,
bin ich nachts so ganz allein …"

Dann konnte die arme Lotta nicht mehr singen, sie weinte nur. Aber von unten kam Papa die Treppe herauf, und er sang:

„… sitz im Schein des kleinen Lichts,
hab eine Katze und sonst nichts."

Lotta weinte noch mehr.
„Papa", schluchzte sie, „ich will wenigstens eine Katze haben."
Da nahm Papa Lotta in seine Arme, hob sie aus dem Bett und hielt sie fest.
„Weißt du was, Lotta", sagte Papa, „Mama sitzt zu Hause und ist so traurig. Kannst du nicht wenigstens Weihnachten wieder nach Hause ziehen?"
„Ich will jetzt nach Hause zurückziehen", schluchzte Lotta.

Und da nahm Papa Lotta und den Teddy und trug sie zu Mama in das gelbe Haus hinüber.
„Lotta ist wieder nach Hause zurückgezogen!", rief Papa, schon als sie auf den Vorplatz kamen.
Mama saß im Wohnzimmer vor dem Kaminfeuer. Sie streckte die Arme nach Lotta aus und sagte: „Ist das wahr? Bist du wirklich wieder nach Hause gezogen, Lotta?"
Lotta warf sich in Mamas Arme und weinte, dass die Tränen strömten.

„Ja, ich will mein ganzes Leben lang bei dir wohnen", schluchzte Lotta.
„Das ist aber wirklich schön", sagte Mama.
Dann saß Lotta lange auf Mamas Schoß und weinte nur und sprach kein Wort.
Aber schließlich sagte sie: „Mama, ich hab jetzt einen anderen weißen Pullover. Den hab ich von Tante Berg bekommen. Ist das nicht gut?"
Darauf gab Mama keine Antwort. Sie saß stumm da und sah Lotta an.
Da schlug Lotta die Augen nieder und murmelte: „Den anderen hab ich kaputt geschnitten, und ich möchte gern ‚Entschuldige bitte' sagen, aber ich kann nicht."
„Aber wenn ich nun auch ‚Entschuldige bitte' sage", sagte Mama. „Wenn ich sage: ‚Entschuldige bitte, liebe Lotta, dass ich manchmal zu dir nicht nett gewesen bin …?'"
„Ja, dann kann ich ‚Entschuldige bitte' sagen."
Lotta schlang die Arme um Mamas Hals und drückte sie so fest, wie sie konnte, und sagte: „Entschuldige, entschuldige, entschuldige bitte!"
Dann trug Mama Lotta ins Kinderzimmer hinauf und legte sie in ihr eigenes schönes Bett, in dem ein Laken war und eine rosa Decke, aus der Lotta immer Wollbüschel herauszupfte, wenn sie schlafen sollte.
Papa kam auch, und Mama und Papa gaben beide Lotta einen Kuss und sagten: „Gute Nacht, geliebte kleine Lotta."
Dann gingen sie.
„Sie sind doch ein paar Lieblinger", sagte Lotta.
Jonas und Mia-Maria waren gerade beim Einschlafen, da sagte Jonas: „Ich wusste ja, dass du nicht die Nacht über in der Rumpelkammer bleiben würdest."
Da sagte Lotta: „Aber tagsüber will ich da sein und spielen. Dass du's weißt! Und wenn ihr meinen Teddy verhaut, du und Mia-Maria, dann verprügle ich euch alle beide! Dass ihr's wisst!"
„Dein alter Teddy ist uns doch ganz schnuppe", sagte Jonas. Und dann schlief er ein.
Aber Lotta lag noch eine Weile wach und sang ihr Lied vor sich hin:

„Komm ich in mein Häuschen klein,
bin ich nachts so ganz allein,
sitz im Schein des kleinen Lichts,
hab eine Katze und sonst nichts.

Damit bin ich aber nicht gemeint, sondern eine andere Lotta", sagte sie.

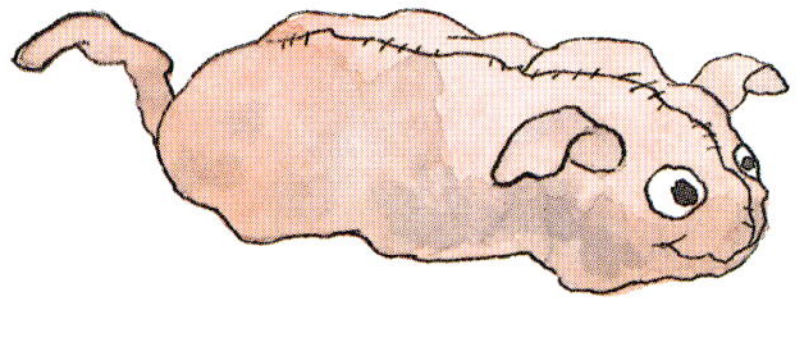

LOTTA kann fast alles

„Mit mir ist es komisch“, sagte Lotta. „Ich *kann* so viel!“
Sie hatte gerade Jonas und Mia-Maria vorgemacht, wie gut sie pfeifen konnte, kein Wunder also, dass sie mit sich zufrieden war!
„Wenn ich so drüber nachdenke, kann ich eigentlich *alles*“, sagte sie.
„Haha, du kannst also alles“, sagte Mia-Maria. „Gib doch bloß nicht so an!“
Jonas überlegte ein Weilchen. „Slalom laufen, kannst du das?“
Das sagte er nur, weil er es selbst gerade lernte. Lotta wurde böse.
„Hab ich das denn gesagt? Dass ich Slalom kann?“
„Du hast doch gesagt, du kannst *alles*.“
„Kann ich ja auch“, sagte Lotta. „Alles außer Slalom.“
„Na klar doch“, sagte Jonas, und dann nahmen er und Mia-Maria ihre Skier und gingen zu dem großen Skihügel, denn sie hatten gerade Ferien bekommen und es gab viel Schnee.
Lotta wollte auch Ski laufen. Aber nicht auf dem großen Skihügel.

Ich kann ja hier im Garten Slalom lernen, dachte sie. So unheimlich schwer kann das ja nicht sein. Zuerst fährt man in die eine Richtung und dann in die andere, und die ganze Zeit über wedelt man mit dem Po.
Mit dem Po wedeln kann ich überhaupt schon, dachte sie und probierte eine Zeit lang aus, wie gut sie es konnte.
Doch bevor sie sich ernsthaft an das Slalomlaufen machte, wollte sie erst mal nachschauen, was Mama tat.
In dem gelben Haus in der Krachmacherstraße, wo sie wohnten, war Mama in der Küche bei der Weihnachtsbäckerei.
Sie hetzte und wetzte und hatte es sehr eilig. Trotzdem freute sie sich, als Lotta kam.
„Lotta, lauf doch mal zu Tante Berg rüber, und bring ihr einen Weihnachtsstollen", sagte sie. „Und frag sie auch, ob du ihr sonst wie helfen kannst."
Das wollte Lotta gern.
„Ja, denn das kann ich *auch*. Kranken Leuten helfen. Ich kann alles – fast alles!"
Tante Berg wohnte im Haus nebenan, und es ging ihr gar nicht gut. Sie hatte so einen Druck auf der Brust und darum Atemnot, das wusste Lotta.

„Ich nehm Teddy mit, dann freut sich Tante Berg", sagte Lotta.
Teddy war gar kein Teddy, sondern ein altes Stoffschweinchen, das Lotta bekommen hatte, als sie noch ganz klein war, und sie schleppte es überall mit sich herum, obwohl sie jetzt schon groß war. Sogar schon über fünf.
Mama legte den Stollen in eine Plastiktüte und wickelte oben einen Gummiring darum.
„Grüß Tante Berg auch schön", sagte sie, als sie Lotta die Tüte gab. „Und nimm doch bitte gleich die Abfalltüte mit, du gehst ja sowieso an der Mülltonne vorbei."
„Nur her damit!", sagte Lotta. „Ich kann alles." Auch um die Abfalltüte wickelte Mama einen Gummiring. Obenauf in der Tüte lag der Kopf des Fisches, den sie am Tag vorher zum Mittag gegessen hatten, und er glotzte Lotta durch die Plastiktüte hindurch mit grässlichen weißen Augen an. „Igitt!", sagte Lotta und hielt die Tüte so, dass auch Teddy den Kopf sehen konnte. „In der Tüte ist ein Monster", erklärte sie ihm. „Aber gleich pfeffere ich es in die Mülltonne, haha!"

Dann ging Lotta. In jeder Hand hielt sie eine Tüte und unter dem einen Arm ihren Teddy.

Vor der Küchentür standen ihre Skier. Und sie wollte ja Slalom lernen, das hatte sie sich vorgenommen. Möglichst noch, bevor Jonas und Mia-Maria nach Hause kamen.

„Wir laufen Slalom zu Tante Berg", sagte sie zu Teddy und schnallte sich die Skier an. Lotta war es zwar gewohnt, ohne Stöcke Ski zu laufen, aber nicht mit einer Plastiktüte in jeder Hand und dem Teddy unterm Arm.

„Es geht nicht", sagte sie zu Teddy. „Ich muss dich zu dem Stollen packen, es hilft nichts."

Sie quetschte ihn in die Tüte und wickelte den Gummiring dann wieder darum. Freilich sah Teddy sie mit traurigen Augen durch die Plastiktüte hindurch an.

„Es dauert ja nicht lange", sagte sie tröstend. „Und wenn du Hunger kriegst, kannst du ja am Stollen knabbern. Aber nicht so, dass es zu sehen ist."

Danach zeigte sie Teddy, wie man es macht, mit einer Plastiktüte in jeder Hand Slalom zu fahren.

„Zuerst in diese Richtung", sagte sie und flitzte im Bogen um den Apfelbaum herum. „Und dann in die andere", sagte sie und fuhr auf den Kirschbaum zu. Mit dem Po wedelte sie auch, wenn sie gerade daran dachte. Ab und zu vergaß sie es zwar, aber es ging trotzdem gut. Und schnell außerdem. Zur Mülltonne hinunter führte ein kleiner Abhang, und dort wurde sie ganz schnell, bremste in letzter Sekunde nur kurz und schmiss die Tüte hinein.

Dann sauste sie weiter.

Als Lotta bei Tante Berg ankam, litt sie selber auch ein bisschen an Atemnot. Natürlich nicht so schlimm wie Tante Berg. Tante Berg lag in ihrem Bett und atmete schwer.

„Hast du immer noch Atem nötig?“, fragte Lotta gleich, als sie reinkam.

Tante Berg antwortete, es sei ein klein bisschen besser. Aber noch längst nicht richtig gut.

„Ein Glück für dich, dass ich gekommen bin“, sagte Lotta. „Rat mal, was ich dir mitgebracht hab!“

Sie hielt die Tüte hinter den Rücken, damit Tante Berg sie nicht sehen konnte.

„Ja, was kann das wohl sein?“, staunte Tante Berg.

„Es ist was zu essen. Und fängt mit STOLL an, aber was es ist, sag ich nicht. Man kann auch sagen, dass es mit KUCH anfängt“, sagte Lotta, um Tante Berg auf die Sprünge zu helfen.

„STOLL und KUCH“, sagte Tante Berg. „Nein, das kann ich nicht raten.“

„Man kann sich Scheiben davon abschneiden und Butter draufschmieren“, half Lotta ihr weiter. „Aber mehr sag ich nicht. Nun rat doch schon!“

„STOLL… sollte es am Ende ein Stollen sein?“, fragte Tante Berg.

Lotta lachte. „Ja, genau! Und KUCH bedeutet Kuchen, verstehst du?“

Sie hielt Tante Berg die Tüte hin. In demselben Augenblick schrie sie auf. Denn in der Tüte war gar kein Stollen.

„Dieses Mistmonster!“, schrie Lotta. Denn jetzt hatte sie die Fischaugen gesehen, die sie durch die Plastiktüte anglotzten.

„Hast du mir ein Monster mitgebracht?“, rief Tante Berg sehr verwundert. Doch da war Lotta schon halb zur Tür hinaus …

Oh weh, wo war ihr Teddy? Und Tante Bergs Stollen?

In der Mülltonne natürlich!

Dem Weinen nahe, lief sie den Weg zurück. Denn ihr war ja klar, wie schrecklich es für Teddy so mutterseelenallein da unten im Stockdunkeln sein musste.

„Armer Teddy!“, jammerte sie und stemmte den Deckel der Tonne hoch. Dann aber stieß sie ein Gebrüll aus, das man die ganze Krachmacherstraße entlang hören konnte. Die Tonne war leer. Darin lagen kein Teddy und kein Stollen! Denn es war ja Freitag. Und am Freitag kam immer Kalle Fransson mit dem Müllauto angefahren und leerte alle Tonnen in der Krachmacherstraße. „Mein Teddy!“, schrie Lotta und stürzte wieder auf die Straße.

Das Müllauto stand ganz hinten vor Larssons Bäckerei, und sie sah, wie Kalle Fransson gerade Larssons Abfallsack hinten in den großen, offenen Schlund warf. Drinnen im Auto gab es eine Art Mühle, die alle Müllsäcke zu Mus zermahlte, das wusste Lotta. Kalle Fransson hatte es ihr einmal gezeigt.
Lotta schrie, oh, sie schrie wie am Spieß! Denn ihr war ja klar, dass es mit Teddy jetzt aus war, dass er nur noch ein Häuflein Hackepeter und kein Teddy mehr war. Und das war ihre Schuld!
„Warum heulst du denn so?“, fragte Kalle.
„Mein Teddy!“, schrie Lotta. „Du hast meinen Teddy kaputt gestampft.“

Als Kalle begriff, was los war, wurde er fast ebenso traurig wie Lotta.
Lotta aber schrie und heulte nur immer weiter.
„Mein Teddy! Mein lieber Teddy!“
Und sie warf Kalle Fransson einen bitterbösen Blick zu, dabei konnte er ja wirklich nichts dafür.
„Und Tante Bergs Stollen, daraus hast du auch Hackepeter gemacht“, schrie Lotta.
„Ein Stollen?“, fragte Kalle. „Lag der obenauf in der Tonne in einer Plastiktüte?“
„Ja, denk mal an, so war es! Und der Teddy auch“, heulte Lotta. „Und jetzt ist er tot!“

„Ja, aber diese Tüte habe ich mir beiseitegelegt", sagte Kalle. „Weil ich ja immer Futter für mein Vogelhäuschen brauche."

Lotta schluchzte noch einmal, und dann war sie still. Während sie dastand und zusah, wie Kalle in das Fahrerhäuschen kletterte, um eine Tüte zu holen, kribbelte es ihr im ganzen Körper, denn – Himmel! – wenn es nun nicht die richtige Tüte war!

Es war aber die richtige.

„Einen Teddy habe ich darin gar nicht gesehen", sagte Kalle.

„Nicht?", fragte Lotta. „Du hast nicht gesehen, dass da drin jemand mit ganz traurigen Augen lag?" Sie riss die Tüte auf und holte ihren Teddy heraus, und sie drückte und küsste ihn und sagte immer: „Sei mir nicht böse, Teddy, sei mir nicht böse!"

Dann entdeckte sie plötzlich die andere Tüte, die mit dem Monster, die sie in den Schnee geworfen hatte. Mit einem Wutschrei griff sie danach und schleuderte sie mitten hinein in den Rachen des Müllautos.

„So, jetzt wirst du zu Monsterbrei", sagte sie, „und dann ist es aus mit deinem Geglotze!"

Dann ging Lotta zu Tante Berg zurück, in der einen Hand Teddy und in der anderen den Stollen.

„Nie wieder lerne ich Slalom", versprach sie Teddy. „Denn nur dabei konnte so was Dummes passieren."

„Hattest du den Stollen irgendwo liegen lassen?“, fragte Tante Berg, als Lotta zurückkam.
„Nee, nee“, sagte Lotta. „Der hat nur einen kleinen Abstecher mit Teddy gemacht.“
Und dann durfte Teddy bei Tante Berg im Bett liegen, und Lotta zeigte, wie gut sie alles konnte. Sie goss kannenweise Wasser auf Tante Bergs Topfpflanzen. Und auch Skotty, Tante Bergs wütender kleiner Hund, kriegte eine Schüssel voll, obwohl er Lotta die ganze Zeit nur ankläffte.
Und Lotta schüttelte Tante Bergs Kissen auf, damit sie es richtig gemütlich hatte, und schnitt dicke Scheiben vom Stollen ab und bestrich sie mit Butter, und die musste Tante Berg essen, denn so was tut gut, wenn man Atem nötig hat, sagte Lotta. Sie spülte auch ein wenig Geschirr und fegte das Zimmer aus und war selber ganz verblüfft, wie gut sie alles konnte.
„Aber anstrengend ist das“, sagte Lotta. „Soll ich noch was für dich tun?“
„Ja, würdest du mir am Kiosk eine Zeitung kaufen?“, fragte Tante Berg.
Das wollte Lotta gern.
„Die haben da unheimlich gute Bonbons“, verriet sie Tante Berg. „Und morgen ist Samstag, und da ist ja unser Naschtag.“
Tante Berg gab ihr Geld für die Zeitung, und außerdem kriegte Lotta eine ganze Krone dazu, weil sie Tante Berg so tüchtig geholfen hatte.
„Aber vorher muss ich schnell noch mal nach Haus“, sagte Lotta. „Ich will mir nämlich den Weihnachtsbaum angucken, den Papa gekauft hat. Er wollte ihn in der Mittagspause mitbringen.“

Er wollte, ja! Aber Lotta kam gerade in dem Augenblick in die Küche, als Papa das Schreckliche erzählte.

„In der ganzen Stadt gibt es keinen einzigen Weihnachtsbaum mehr."

Mama, die gerade beim Pfannkuchenbacken war, erstarrte.

„Keinen Weihnachtsbaum?", fragte sie. „Was soll das heißen? Natürlich gibt es Weihnachtsbäume!"

Aber Papa sagte, das sei gerade das Schlimme. Alle Weihnachtsbäume seien ausverkauft gewesen, als er einen kaufen wollte.

Jonas und Mia-Maria und Lotta konnten es einfach nicht glauben.

„Aber wir *müssen* doch einen Weihnachtsbaum haben", sagte Jonas.

„Du hättest ja wirklich früher einen kaufen können", sagte Mia-Maria. „Warum hast du das denn nicht gemacht?"

Und da antwortete Papa, dass er den Weihnachtsbaum ja immer erst drei Tage vor dem Fest auf dem Markt kaufe und dass es dann stets massenhaft Tannen gebe. Nur weil in den Wäldern in diesem Jahr so viel Schnee lag, sei es wohl schwierig gewesen, genügend Tannen herbeizuschaffen. Auf dem Markt gebe es jedenfalls keine einzige mehr, wiederholte Papa, und er sei darüber wahrhaftig auch sehr traurig.

„Aber wir *müssen* doch einen Weihnachtsbaum haben", sagte Jonas wieder.

„Tja, müssen!", sagte Papa. „Ich kann schließlich nicht zaubern. Ich kann ja nicht alles."

Da guckte Jonas Lotta an.

„Aber das kannst *du* doch", sagte er. „Du kannst alles, hast du gesagt. Also dann besorg uns einen Weihnachtsbaum!"

„Das ist gemein von dir, Jonas", sagte Mia-Maria. „Mach dir nichts draus, Lotta, er ist einfach ungerecht."

„Ich mach mir ja auch nichts draus", sagte Lotta eingeschnappt.

„So, jetzt wird gegessen", sagte Mama. Und dann saßen alle stumm da, aßen Pfannkuchen und waren sehr traurig. Weihnachten ohne Weihnachtsbaum, so was durfte es doch einfach nicht geben! Dann stand Papa auf, um zu seiner Arbeit zu gehen.

„Also, ich werde die ganze Stadt absuchen", versprach er. „Und wenn es irgendwo auch nur noch einen einzigen Tannenbaum gibt, dann bring ich ihn euch. Aber wenn es nicht klappt, dann klappt es eben nicht." Und damit ging er.

Jonas und Mia-Maria weinten, und auch Lotta wollte gerade anfangen, ganz schrecklich zu weinen. Doch bevor sie losheulte, musste sie ja noch unbedingt zum Kiosk und für Tante Berg eine Zeitung kaufen, so wie sie es versprochen hatte.

„Du darfst mitkommen", sagte sie zu Teddy. „Und wir nehmen den Rodelschlitten, damit wir in all diesem Elend wenigstens ein bisschen Spaß haben."

Der Weg zum Kiosk führte fast die ganze Zeit bergab.
„Aufgepasst!“, schrie Lotta, und los ging es!

OBC-214

Nur das letzte Stück musste sie den Schlitten ziehen, denn der Kiosk gehörte zur Tankstelle, und die Tankstelle lag an der großen Landstraße, wo man nicht rodeln konnte. Die Tankstelle gehörte Herrn Blomgren, und seine Frau stand im Kiosk.

„Guten Tag, kleine Lotta“, sagte Frau Blomgren, „wie geht's dir denn?“

„Schlecht“, sagte Lotta. „Denn wir haben dies Jahr keinen Weihnachtsbaum.“

„Das ist aber traurig“, sagte Frau Blomgren. „Ja, ich hab schon gehört, dass in der ganzen Stadt kein Weihnachtsbaum mehr aufzutreiben ist. Wirklich zu traurig!“

„Ja-a!“, seufzte Lotta. „Darum werde ich auch weinen, wenn ich nach Hause komme.“

Vorher kaufte sie die Zeitung für Tante Berg, und dann überlegte sie lange, was für Bonbons sie nehmen sollte, Lakritzgummi oder Sahnebonbons oder Drops. So etwas lässt sich ja nicht im Handumdrehen entscheiden, man muss erst darüber nachdenken.

Und während Lotta noch nachdachte, passierte etwas Seltsames. Plötzlich kam ein großes Lastauto angerattert und hielt, um zu tanken. Und auf diesem Auto – es war wirklich kaum zu glauben – lagen turmhoch Tannenbäume gestapelt!

Als Lotta das sah, geriet sie ganz außer sich. Über Bonbons nachzudenken, dafür war jetzt keine Zeit mehr! Und was für ein Glück, dass sie die Krone noch nicht ausgegeben hatte, denn mehr konnte ein Weihnachtsbaum ja nicht kosten!

Sie stürzte zum Fahrer, der schon beim Tanken war.
„Kann ich bei dir einen Weihnachtsbaum kaufen?“, fragte sie aufgeregt.
Der Mann guckte sie nicht einmal an. „Nein, kannst du nicht“, sagte er brummig.
„Warum denn nicht?“, fragte Lotta.
„Weil die Tannenbäume nach Stockholm gehen, alle“, sagte der Fahrer.
„Warum denn alle?“, fragte Lotta.
„Warum denn, warum denn! Weil sie dort keine Tannen haben.“
„Wir doch auch nicht“, sagte Lotta.
„Ja, aber in Stockholm zahlen sie einem jeden Preis dafür. Also verdufte“, sagte der Fahrer und ging zu Herrn Blomgren hinein, um sein Benzin zu bezahlen.
Lotta lief ihm nach.
„Ich zahle auch jeden Preis“, rief sie fast weinend. „Wenn ich dir eine Krone gebe, krieg ich dann wenigstens einen kleinen?“
„Ja, denkst du! Verdufte, hab ich gesagt“, wiederholte der Mann, dem es nicht passte, dass Lotta ihm quengelnd um die Beine herumwuselte. Und weil er jetzt fertig war, ging er schnurstracks zum Lastwagen, um abzufahren. Lotta lief ihm nach.

„Bitte, bitte!", schrie sie und hielt ihm die Krone hin. „Tschüs, du Dummerchen", sagte der Fahrer nur und knallte die Autotür zu. Dann fuhr er ab. Und da weinte Lotta.
Jetzt konnte sie damit nicht mehr warten, bis sie zu Hause war. Dass es so was Schreckliches überhaupt geben konnte!

Da fuhr ein ganzes Lastauto voller Weihnachtsbäume, und sie hatte keinen einzigen abgekriegt, nicht mal einen klitzekleinen. Oh, wie sie diesen Fahrer hasste! Erbost starrte sie hinter ihm her. Er musste einen großen Bogen fahren, um auf die Landstraße zu kommen, und wie schnell er die Kurve nahm, unerhört! So durfte man nicht fahren, das wusste sogar Lotta.

Und da geschah etwas noch Seltsameres. Als der Lastwagen donnernd in die Kurve ging, fiel eine Tanne vom Stapel und blieb am Straßenrand liegen. „Du hast eine Tanne verloren", schrie Lotta, denn hilfsbereit war sie immer. Aber der Fahrer sah und hörte nichts, er fuhr einfach weiter. Und da stand Lotta und sah die roten Rücklichter des Autos allmählich verschwinden.

Gerade in dem Augenblick kam Herr Blomgren heraus.
„Guck mal, da liegt ein Tannenbaum", sagte Lotta. „Und den brauch ich. Glaubst du, dass ich ihn mir nehmen kann?"
„Tja, warum nicht", sagte Herr Blomgren. „Dort kann er sowieso nicht liegen bleiben. Also ist es nur gut, wenn du ihn wegschaffst."
„Nein, gibt's denn so was!", rief Frau Blomgren jetzt aus ihrem Kiosk. „So ein Glück kannst auch nur du haben, Lotta!"
„Aber wenn der Fahrer nun wiederkommt?", fragte Lotta ängstlich.
„Dann hat er eben Pech gehabt", sagte Herr Blomgren. „Er ist ja selber schuld, schließlich braucht er ja nicht so zu rasen, dass die Bäume runterpurzeln."
Lotta dachte nach.
„Ich will dir doch lieber meine Krone hierlassen. Gibst du sie ihm, falls er wiederkommt?"
„Klar, mach ich", sagte Herr Blomgren. „Und wenn er nichts von sich hören lässt, dann holst du dir deine Krone nach Weihnachten wieder ab."
Es war eine große, schöne Tanne. Viel zu groß für Lotta. Aber Herr Blomgren half ihr. Er legte die Tanne auf den Schlitten und band sie mit einer Schnur fest. Dann setzte Lotta ihren Teddy zwischen die Zweige.
„So fein bist du noch nie gefahren", sagte sie. „Vielen Dank und tschüs!", rief sie noch, als sie ging.

Dann zog sie mit ihrem Schlitten los, die ganze Krachmacherstraße entlang. Und dabei pfiff sie. „Nicht zu fassen, wie gut ich pfeifen kann", sagte sie zu Teddy.

Als Lotta zu Hause in die Küche kam, tat sie ziemlich geheimnisvoll und benahm sich auch sonst ein bisschen sonderbar. Aber keiner merkte es. Denn Jonas und Mia-Maria saßen noch immer da und weinten, und Mama versuchte, sie zu trösten. Keiner guckte Lotta auch nur an. „Wieso heult ihr denn?", fragte Lotta.
„Papa hat angerufen", sagte Mama. „Und er hat alles, aber auch alles versucht, aber in der ganzen Stadt gibt es keinen einzigen Weihnachtsbaum mehr."
„Find ich ja komisch", sagte Lotta. „Kommt doch mal raus und guckt, was ich auf meinem Schlitten habe!"
Aber Jonas und Mia-Maria schluchzten und weinten und hörten Lotta gar nicht zu.
„Was soll das bloß für ein Heiligabend werden!", jammerte Mia-Maria. „Ohne Weihnachtsbaum!"
„Kommt doch mal raus und guckt, was ich auf meinem Schlitten hab", sagte Lotta wieder.
„Sei doch still!", sagte Jonas. „Wir haben keine Lust, uns was anzugucken, wenn wir weinen."
„Dann eben nicht", sagte Lotta. „Sonst hättet ihr einen Weihnachtsbaum sehen können."
Da kam Leben in Jonas und Mia-Maria.
„Einen Weihnachtsbaum? Ach, du flunkerst uns ja wieder was vor", sagte Mia-Maria. Trotzdem schossen die beiden zur Tür hinaus, und Mama ging hinterher.
Draußen vor der Küchentür stand Lottas Schlitten. Mit dem schönsten Tannenbaum, den man sich nur vorstellen konnte. Und mittendrin saß Teddy und sah aus, als hätte er die Fuhre ganz allein hergefahren.
Jonas und Mia-Maria rissen nur die Augen auf. Und Mama sagte: „Ja, aber Lotta, wo hast du *den* denn her?"
„Rat mal!", sagte Lotta.
Und da stürzte Jonas auf Lotta zu und umarmte und küsste sie.
„Du hast recht gehabt! Du kannst ja wirklich alles!", rief er.
„Ja, hab ich doch gesagt", antwortete Lotta.

Am Tag vor Heiligabend wurde im gelben Haus in der Krachmacherstraße der Tannenbaum geschmückt. Alle halfen dabei, Papa und Mama und Jonas und Mia-Maria und Lotta. Und Lotta musste zum zehnten Mal vom Lastauto und dem Fahrer und überhaupt die ganze Geschichte erzählen.
„Einen so schönen Weihnachtsbaum haben wir noch nie gehabt“, sagte Mia-Maria. „Seht doch bloß mal die schönen, dichten Nadeln!“
„Und wie gut er riecht“, sagte Jonas.
„Lotta“, sagte Mama, „das werden wir bestimmt nie vergessen. Wie du uns einen Weihnachtsbaum besorgt hast.“
„Ja, an die Lotta-Tanne werden wir uns noch erinnern, wenn wir alle andern Weihnachtsbäume längst vergessen haben“, sagte Papa.
Lotta sagte nichts. Sie dachte nach. Mit mir ist es komisch, dachte sie. Ich kann so viel. Weihnachtsbäume besorgen und alles Mögliche. Ja, ich kann tatsächlich *alles*!
Dann guckte sie liebevoll ihren Teddy an, der auf seinen krummen Beinchen unter der Tanne stand.
„Na ja“, sagte sie, „das ist klar, Slalom nicht!“

Quellenangaben

Na klar, Lotta kann Rad fahren
© Text: Astrid Lindgren/The Astrid Lindgren Company 1971
© Illustrationen: Ilon Wikland 1971 /Ilon Wikland Design AB
© Übersetzung: Thyra Dohrenburg 1972
Originaltitel: Visst kan Lotta cykla

Natürlich ist Lotta ein fröhliches Kind
© Text: Astrid Lindgren/The Astrid Lindgren Company 1990
© Illustrationen: Ilon Wikland 1990 /Ilon Wikland Design AB
© Übersetzung: Anna-Liese Kornitzky 1991
Originaltitel: Visst är Lotta en glad unge

Lotta zieht um
© Text: Astrid Lindgren/The Astrid Lindgren Company 1961
© Illustrationen: Ilon Wikland 1971 /Ilon Wikland Design AB
© Übersetzung: Thyra Dohrenburg 1962
Originaltitel: Lotta på Bråkmakargatan

Lotta kann fast alles
© Text: Astrid Lindgren/The Astrid Lindgren Company 1977
© Illustrationen: Ilon Wikland 1977 /Ilon Wikland Design AB
© Übersetzung: Anna-Liese Kornitzky 1977
Originaltitel: Visst kan Lotta nästan allting

ASTRID LINDGREN COMPANY

Astrid Lindgren (1907–2002) gehört zu den bekanntesten Schriftstellerinnen der Welt. Sie hat viele liebenswerte Kinderbuchfiguren geschaffen, wie Pippi Langstrumpf oder die Kinder aus Bullerbü, und ihre Bücher zählen längst zu den Klassikern der Kinderliteratur. Astrid Lindgren wurde vielfach ausgezeichnet, u. a. mit dem Friedenspreis des Deutschen Buchhandels und dem Alternativen Nobelpreis. Ihr zu Gedenken schuf die schwedische Regierung den „Astrid Lindgren Gedächtnispreis" für Werke, die von dem tief humanistischen Geist geprägt sind, der mit Astrid Lindgren verknüpft ist.

Ilon Wikland, 1930 in Estland geboren, studierte Kunst in Stockholm und London und arbeitet als freie Illustratorin. 1954 begann ihre Zusammenarbeit mit Astrid Lindgren, aus der mehr als dreißig Bücher hervorgegangen sind. Ilon Wikland wurde für ihr Gesamtwerk mit dem Elsa-Beskow-Preis ausgezeichnet und bereits mehrfach für den „Astrid Lindgren Gedächtnispreis" nominiert.